잠자면서 성공한다

The Power of your subconsious mind

잠자면서 성공한다

1판 1쇄 인쇄 1997년 8월 10일
1판 1쇄 발행 1997년 8월 20일
2판 1쇄 발행 2008년 2월 10일
3판 1쇄 발행 2009년 11월 30일
4판 1쇄 발행 2022년 9월 10일

지 은 이 조셉 머피
옮 긴 이 미래경제연구회 · 이선종
편집주간 장상태
편집기획 김범석
디 자 인 정은영

발 행 인 김영길
펴 낸 곳 도서출판 선영사
주   소 서울시 마포구 서교동 485-14 영진빌딩 1층
Tel 02-338-8231~2   Fax 02-338-8233
E-mail sunyoungsa@hanmail.net

등   록 1983년 6월 29일 (제02-01-51호)

ISBN 978-89-7558-388-9   13300

잠자면서 성공한다

The Power of your subconsious mind

조셉 머피 지음 / 미래경제연구회·이선종 옮김

 도서출판 선영사

B. 러셀은 근대를 이룩한 중요 사건 가운데 하나를 '프로이트의 잠재의식 증명'을 들고 있다.

잠재의식은 우리 인간이 단 한 순간도 떨어질 수 없는 인간 그 자체의 내적인 문제에 해당하는데, 이 잠재의식의 작용은 인간이 생긴 이래 한시도 끊일 날이 없었다.

프로이트가 잠재의식에 관해 임상적으로 실증하기 전, 현인이라 불리던 사람들은 이미 이를 통찰했던 것 같다. 예컨대, 르네상스 시대의 스위스 학자 파라켈사스라든가, 독일의 대철학자 라이프니츠, 그리고 미국의 에머슨과 윌리엄 제임스 등은 모두 이러한 사실을 충분히 알고 있었던 것이다.

우리 인간은 본래 눈에 보이지 않을 정도로 미세한 수정란에 지나지 않았다. 그러던 것이 자연적으로 눈·코·손·발, 그리고 여러 기관 등이 생겨나면서 하나의 인간이 되었는데, 이는 우리의 어떠한 의지로써가 아닌 자연의 힘에 의한 결과이다. 이처럼 존재를 의식하지 않아도 스스로 그것을 다스리고 있는 것이 바로 잠재의식인 것이다.

인간의 '망각'에 대해 생각해 보자. 우리는 망각했던 것들을 아주 우연한 시간과 장소에서 기억을 되찾게 되는 경우가 있는데, 그렇다면 그 잊혀졌던 기억은 그 동안 어디에 숨어 있었을까?

나는 어렸을 때, 이모 댁에 가서 만두를 먹고 심한 배탈을 앓은 적이 있다. 그리고 그 후 지금까지 만두만 보면 입맛이 싹 달아나고 뱃속이 메스꺼워진다. 이러한 현상은 의식적이 아니라, 만두를 보는 순간 무의식적으로 일어나게 되는데, 이 무의식적으로 일어나는 생각, 그것이 바로 잠재의식인 것이다. 이처럼 현재의식의식하는 마음은 사물을 망각하지만, 잠재의식은 절대로 망각하는 일이 없다.

잠재의식은 큰 바다와 같고, 개개인의 현재의식은 그 바다의 파돗머리와도 같다. 이 파돗머리에는 각각의 개성이 있지만 근본은 바다이다. 마찬가지로, 개인도 자기 현재의식 속에서는 차이가 있으나 그 밑바닥은 만인 공통의 잠재의식인 것이다.

잠재의식에는 그것이 어떤 일정한 각인을 받게 되면, 이를 반드시 현실화시키고야 마는 재미있는 성질이 있다. 따라서 만일 당신이 부자가 되고 싶다면, 부자가 되고 싶은 마음을 잠재의식에 각인해 두면 되는 것이다.

머피는 이 책에서 여러 가지 종교상의 기적적 치유에 대해 명백히 설명하고 있다. 그의 이론을 바탕으로 하면, 자기가 바라는 바를 어떻게 성취할 것인가, 또는 우호적인 인간 관계를 어떻게 실현할 것인가를 터득할 수 있다.

이 책에서 자주 성경 말씀이 인용되는 것은, 이 책이 본래 기독교인을 위해 씌어졌기 때문이다. 혹시 당신이 기독교인이라면, 이 책의 내용이 교리에 위반된다고 느낄지도 모른다. 그러나 전혀 그렇게 생각할 필요가 없다. 왜냐 하면 그 전능한 잠재의식은 바로 전지 전능한 하느님께서 창조하신 것으로 생각하면 되기 때문이다. 근세 초기, 자연과학가 성경이 서로 모순된다고 생각되었을 때에도, '하느님은 자연과학적 법칙성을 가지고 우주를 창조하셨다'고 해석되었던 것이다.

머피의 이론은 진리이다. 진리는 시대가 변해도 언제까지나 변화지 않는다. 지금 미국 등과 같은 선진국에서도 이 '마음의 과학'에 대한 연구가 활성화되고 있다는 사실에 독자들은 주목할 필요가 있다. 머피의 이론은 이 마음의 과학 분야에 있어서 가장 큰 수확이라 할 수 있다.

머피의 이론은 피땀 흘려 일하는 헛된 노력을 배제한다. 그의 이론대로

만 따르면, 자기가 바라는 바 모두를 확실히 손에 넣을 수 있다.

전기가 있음에도 불구하고 전등을 켜지 않고 촛불이나 호롱불 사용을 고집하는 사람이 있다면 바보가 아닐 수 없듯이, 머피의 이론이 있음에도 불구하고 이를 읽지 않고 헛된 고생을 하는 사람이 있다면 그 역시 바보라 하지 않을 수 없다.

세상에는 그렇게 힘들여 일하지 않고도 쉽게 성공하여 부와 명예를 한 몸에 누리며 사는 사람들이 적지 않은데, 이런 사람들의 내면을 들여다보면 뭔가 일반 사람들과 다른 점이 있다는 사실을 알 수 있다.

우리 나라의 어려운 경제를 보고 위정자들을 비난하며 한숨만 내쉴 일이 아니라, 이런 때일수록 긍정적인 사고로써 마음을 추스르고 자신을 바로잡는 일이 무엇보다도 우선이라 하겠다.

이 머피의 이론을 읽고, 당신의 소원하는 바가 이루어지기를 진심으로 기원한다.

옮긴이

버트런드 러셀은 근대近代를 이룩한 가장 중요 사건으로 다음의 네 가지를 들고 있다.

첫째. 아인슈타인에 의한 상대성 원리의 발견.
둘째. 다윈에 의한 진화론의 확립.
셋째. 레닌에 의한 공산주의 국가의 건설.
넷째. 프로이트에 의한 잠재의식의 증명.

이상의 네 가지이지만, 이에 대하여 이론異論은 없을 것이다.

상대성 원리로부터 원자 폭탄을 비롯한 근대 물리학이 시작되었다고 말할 수 있으며, 다윈 이후 인간은 모든 사물을 '발달'이라는 관점에서 보게 되었다. 레닌의 소비에트 연방국 건설 이래, 그 어떤 인위적인 주의主義에 의한 국가 건설이 시작되었다.

그러나 오늘날 우리의 세계는 공산권의 붕괴와 더불어 새로운 가치관에 의한 치열한 국제 경쟁 사회로 발전하고 있는 실정이다.

이상의 세 가지 문제는 초등학교나 중학교에서도 어느 정도 가르치고 있으므로, 중학 과정을 마친 사람이면, 이에 대한 다소의 지식은 가지고 있다. 그러나 마지막 하나, 즉 잠재의식에 대한 문제는 대학에 있어서까지도 좀처럼 가르쳐 주지를 않는다. 더구나, 이 잠재의식이야말로 러셀이 열거한 네 가지 사항 중에서 가장 중요한 것임에도 불구하고 등한시되고 있다.

상대성 원리나 공산주의 국가나, 인간의 입장에서 보자면 외적인 사항이다.

진화론 역시 마찬가지라 할 수 있다. 그러나 잠재의식은, 인간 그 자체의 내적인 문제이며, 우리들 인간은 단 한 순간이라도 이와 떨어질 수가 없다.

또한 인류, 아니 지구가 시작된 이래 잠재의식의 작용은 한시도 끊일 날이 없었다.

프로이트가 임상적으로 이를 실증하기 전에 그 어느 시대, 어느 나라에 있어서나, 현인賢人이라 불렸던 모든 사람들은 이를 통찰했던 것 같다.

철학적으로 어느 정도 분명한 것은, 르네상스 시대의 스위스 학자 파라켈사스버겔 대학 초대 화학 교수, 연금술사로서도 이름이 높았다, 그리고 그후 독일의 대철학자 라이프니츠, 그리고 미국에서는 에머슨과 윌리엄 제임스 등이 모두 이와 같은 사실을 충분히 알고 있었다.

여기서 잠재의식의 구체적인 실례를 몇 가지 들어 보자.

우리들 인간은 애초 미소微小한 수정란에 지나지 않았다. 그러던 것이 특별히 손을 쓴 것도 아닌데, 눈과 코, 손과 발, 그리고 오장육부가 생겨나 인간으로서 성장한 것이다.

이렇게 성장한 인간의 신체는 식물食物에서 영양을 취하고 공기에서 산소를 받아들여 노폐물을 배설하면서 살아왔으나, 이 역시 별다른 의지에 의해서가 아닌, 자연의 힘에서였다.

이와 같은 인간의 존재를 의식하지 않아도 다스리고 있는 것이 바로 잠재의식인 것이다.

몇 십만 년 전의 먼 옛날, 지구는 한 개의 불덩이였다. 그것이 점차 열을 잃고 식어가면서 광물·식물·동물·인간 등이 그 땅에 태어났다. 그리고 이 모두를 성육成育하는 것이 잠재의식이다.

우리 인간에게는 망각이라는 것이 있다. 즉, 사물을 잊어버리는 정신상의 문제다. 그러나 우리는 일단 망각했던 사물들을 전혀 우연한 시간, 전혀 우연한 위치에서 기억을 되찾는 일이 있다. 그렇다면 망각했던 그 시간 동안 잊혀진 기억은 어디에 가 있었던 것일까?

물론 이것이 잠재의식이다. 유달리 젤리를 좋아하는 아이가 있었다. 어느 땐가 좋아하는 젤리를 너무 많이 먹고 설사를 일으킨 일이 있었다.

그러나 이미 어렸을 때의 일이어서 설사를 일으켰던 사실이 조금도 기억에 남아 있지 않은 것이었으나, 그 후로부터 그는 젤리를 싫어하고 절대로 먹지 않았다. 그리고 그로부터 10여 년의 세월이 흐른 뒤, 고교생이 된 그는 엉뚱하게도 엄마에게 이런 말을 했다.

"옛날에는 나도 젤리를 좋아했어요. 그렇지요?"

이 말을 듣고 엄마는 몹시 놀랐지만 이것이 곧 잠재의식인 것이다. 즉, 의식에는 남아 있지 않지만 잠재의식은 절대로 사물을 망각하는 일이 없다. 이것이 곧 잠재의식이며, 이 사람의 경우, 젤리에 관한 일 또한 잠재의식의 가르침이었던 것이다.

현재의식의식하는 마음은, 모든 개인개인이 자기의 것을 가지고 있다. 그러나 잠재의식의 가장 깊은 곳은, 만인 만물에 있어서, 그리고 모든 시간을 통하여 공통된 것이다.

　잠재의식이란, 이를테면 큰 바다와 같은 것이다. 개인 개인의 현재의식은 큰 바다의 파돗머리와 같은 것이다. 파돗머리에는 하나하나 개성이 있지만, 그 밑바닥은 공통적이며, 결국 또다시 바다로 돌아가게 된다. 개인도 자기 현재의식 속에서는 차이가 있으나, 그 밑바닥은 만인 공통의 잠재의식이다.

　잠재의식엔 재미있는 성질이 있다. 즉, 잠재의식이 그 어떤 일정한 각인을 받게 되면, 이를 반드시 현실화하고 이 세상에 드러내고야 만다는 사실이다. 따라서 만일 당신이 자기의 소망이 이룩되기를 바란다면, 그 소망을 잠재의식으로써 각인해 두면 되는 것이다.

　각인의 방법이 신념과 신앙에 있다는 것은 이에 널리 알려진 일이지만, 그렇다 하여 현실상 몹시 가난한 사람이,

　'나는 굉장한 부자다.'

　이렇게 믿으려 한다 하더라도 오히려 역효과에 이를 뿐이다. 왜냐 하면, 그것이 거짓말이라는 것을 의식하게 되며, 그 참된 의식이 잠재의식 속에 각인되어 그것이 실현되기 때문이다.

이와 같은 역효과를 피하는 방법, 그것이 이 책의 내용이다.

잠재의식의 힘이 보다 알기 쉬운 형태로 나타나는 것은 인간이 병이 들었을 경우이다. 머피의 이론은 여러 가지 종교상의 기적적 치유를 명백히 설명한다.

그의 이론을 바탕으로 하면 자기가 바라는 바 지위나 돈을 어떻게 얻을 것인가, 또는 우호적인 인간 관계를 어떻게 실현할 것인가를 터득할 수 있으며, 이 책에 명시된 대로 따르면 기적적인 효과가 있다. 그 외에도 그의 이론은 알코올 중독, 노년의 극복 등에도 특효가 있다.

물론, 지금 그와 같은 상태에 있지 않은 사람은 책을 읽지 않아도 좋다.

단지 머피의 이론은 참된 근본적인 원리이므로, 모든 인간 생활에 응용이 가능하다.

이와 같은 잠재의식을 머피 박사는 하느님이라는 이름으로 부르고 있다. 또한 신적 질서에 따라서는 말의 뜻은 잠재의식 속에서의 뜻과 같은 뜻이다.

이 책 속에서 주로 성경 말씀이 인용되는 것은 이 책이 애초 기독교를 믿는 사람들을 위해 씌어진 것이기 때문이다.

독자 중에 그리스도를 신앙하는 사람들은 혹시 이 책의 내용이 교의에 위반된다고 느낄지도 모르지만, 그럴 필요는 없다. 왜냐 하면, 그와 같은 의미에서의 잠재의식은 곧 전능하신 하느님께서 창조한 것이라 생각하면 되기 때문이다.

근세 초기에 자연과학과 성경이 서로 모순된다고 생각되었을 때에도 결국 신은 자연과학적 법칙성을 가지고 우주를 창조하였다고 해석되었다. 그리고 오늘날 과학과 종교의 싸움을 문제로 삼는 사람은 거의 없다.

머피의 이론은 진리이다. 이와 같은 마음의 과학이 미국에선 지극히 왕성하다는 사실에 주목할 필요가 있다.

미국의 국력이 그 어느 나라도 따를 수 없을 만치 강대하기 때문에 바로 이와 같은 방면의 진보에 힘을 기울이는 것이 아닐까?

머피의 이론은 이 분야에 있어서 가장 큰 수확의 하나이다. 전기가 있는 데도 불구하고 손으로 우물물을 퍼올리고 전기 펌프를 쓰지 않는 사람은 바보라 할 수밖에 없다. 마찬가지로, 머피의 이론이 나왔음에도 불구하고 이를 읽지 않고 헛된 고생을 하는 사람도 역시 바보일 수밖에 없다.

세상에는 별로 애를 쓰지 않고도 조용히, 그리고 쉽게 성공하는 사람이 적지 않다.

주위 사람들은 어떻게 그럴 수 있는가를 생각지는 않고, '저런저런' 하면서 혀를 내두르기만 한다. 저럴 수가 있는가 하여 벌어진 입을 다물지 못하고 있는 것이다.

머피의 이론은 악착 같은, 그리고 헛된 노력을 배제한다. 그의 이론을 따르면 조용히, 그러면서도 확실하게 자기가 바라는 모든 것을 손에 넣을 수 있다.

건강도, 돈도, 지위도, 기적과 같이 손에 넣을 수 있는 것이다.

속는 셈 치고 이 책을 읽기를 권한다.

그리고 잠재의식이라는 것에 관하여 철학적·원리적 인식이 깊어지면 깊어질수록 머피 이론의 효과는 현저해진다.

당신의 인생에 끼칠 기적

나는 세계 여러 곳에서, 인생의 모든 분야에서, 그리고 남녀를 불문하고 기적이 일어나는 것을 수없이 보아 왔다. 잠재의식의 마력魔力을 이용할 수만 있다면 기적은 당신에게도 일어날 수 있다.

필자는 습관적인 사고나 상상이 당신의 운명을 형성하고 창조한다는 사실을 당신이 깨닫기를 바라며 이 책을 썼다. 인간을 지배하는 것은 인간의 마음 속 깊숙이 자리 잡고 있는 잠재의식이기 때문이다.

당신은 다음의 질문들에 대답할 수 있는가?

왜 이 세상에는 슬퍼하는 사람이 있고 행복해하는 사람이 있을까?

그리고 행복하고 나날이 발전하는 사람이 있는 반면 가난하고 비참하여 슬픔에 몸부림치는 사람이 있으며, 항상 무엇엔가 쫓겨 두려워하는 사람이 있는 반면에 신념에 넘쳐 자신 있게 살아가는 사람이 있으며, 아름답고 호화로운 저택에 사는 사람이 있는 반면 빈민촌에서 하루하루를 어렵게 살아가는 불우한 사람이 있으며, 성공한 사람이 있는 반면에 실패한 사람이 있으며, 뛰어나고 인기 있는 연설자가 있는 반면에 평범하고 인기 없는 연설자가 있는 것일까?

그리고 또 일이나 직업에 있어서 천재성을 발휘하는 사람이 있는 반면에, 일생 동안 열심히 일하면서도 가치 있는 일이나 보람 있는 일을 못할 뿐만 아니라 하는 일마다 미완성 작품만 남기는 인간이 있으며, 이른바 똑같은 불치병을 앓으면서도 이를 극복하고 건강을 되찾는 사람이 있는 반면에, 그렇지 못한 사람이 있는 것일까?

어찌하여 그 많은 종교인들의 몸과 마음이 지옥과도 같은 고통을 겪어야만 하며, 도덕적이지 못하여 종교적인 가르침대로 살지 못하는 수많은 사람들이 성공하고 발전되고 건강한 삶을 누리며, 같은 형제자매인데도 한 명은 행복한 결혼 생활을 누리고, 다른 한 명은 불행한 결혼 생활로 슬픔에 몸부림쳐야 할까?

이러한 모든 문제에 대한 해답을 당신은 잠재의식의 작용 속에서 틀림없이 발견하게 될 것이다.

이 책을 쓰는 이유

내가 이 책을 쓰게 된 것은 앞에서 말한 것과 같은 수많은 질문들과 또한 이와 유사한 성질의 의문에 답변하기 위함이다. 나는 최대한 부드러운 표현으로 당신의 마음 속에 존재하는 기본적인 대진리를 설명하려고 노력했다.

생명과 마음의 기초적·근본적·기본적 법칙을 지극히 간결한 일상 용어로 설명하는 것은 결코 불가능한 일이 아니라고 생각한다.

이 책은 회사나 가정·직장, 그리고 우리가 평상시에 보는 신문·잡지 등에 씌어진 용어들로 이루어져 있다.

이 책을 읽고 연구하여 인생을 성공으로 이끄는 기술을 일상 생활에 응용하기를 진심으로 권한다. 그러는 동안, 당신 자신은 틀림없이 더욱 행복해지고, 혼란과 비참, 우울과 실패로부터 탈출할 수 있게 되며, 그만한 위치로 당신을 인도하는 동시에 고난을 해결하고, 정서적·육체적인 속박으로부터 해방되고, 자유와 행복과 마음의 평화에 이르는 지름길로 당신을 데려다 주며, 기적과도 같은 힘을 발휘하게 만든다.

당신의 잠재의식이 갖고 있는 기적과도 같은 힘이 당신의 지병을 치료하여 예전의 건강을 되찾게 될 것이다.

마음 속에 존재하는 힘의 이용법을 배워 일상 생활에 적용하게 되면, 당신은 사도 바울이 두려움이라는 감옥문을 열고 하느님 아들로서의 영광이라고 불렀던 것과 같은 보람된 인생을 찾을 수 있게 될 것이다.

기적을 일으키는 힘의 해방

환자의 치료는, 잠재의식의 힘을 나타내는 증거 가운데서 보다 설득력 있게 보여질 것이다.

42년 전 나는, 나 자신을 만들고, 또한 내 생명을 유지하고 지배하는 잠재의식의 치유력을 이용하여 악성 종양을 치유한 적이 있다. 그때 내가 이용했던 방법이 이 책에 자세히 씌어 있다.

모든 사람들이 마음 속 깊이 숨어 있는 잠재의식과 같은 무한한 치유자를 신뢰한다는 것은 다른 사람들에게도 커다란 도움이 되리라 믿는다. 나는 의사인 내 친구의 도움으로 비로소 이러한 사실을 깨달았다. 즉, 나의 모든 기관을 만들고 나의 몸을 형성하고 나의 심장에 최초의 박동을 불어 넣어 준 그 창조적 지성이 자신의 창조물을 스스로 치유한다는 사실을 깨닫고 신뢰하게 된 것이다.

옛말에도 "의사는 상처를 돌보고 하느님이 이를 치유한다."는 말이 있다.

효과적인 기도는 기적을 일으킨다

과학적인 기도란, 의식하는 마음^{현재의식}과 잠재의식이 과학적으로 특정한 목적에 작용케 하는 것을 뜻한다.

이 책은 당신의 마음 속에 있는 무한한 힘의 영역을 개발하고, 당신이 진실로 바라는 것을 얻을 수 있는 방법을 가르치고 있다.

당신은 보다 행복하고 보다 풍부한 생활을 원할 것이다.

기적의 힘을 활용하여 당신의 앞날을 평탄하게 하고, 직업상의 문제를 해결하며, 가정에 있어서 조화를 이룰 수 있도록 시도해 보라.

이 책을 몇 번씩 반복하여 읽으라. 그러면 그와 같은 멋진 힘이 어떻게 작용하는지, 그리고 어떻게 당신의 마음 속에 숨어 있는 영감을 끌어낼 수 있는지 그 방법을 당신에게 가르쳐 줄 것이다.

잠재의식에 인상印象을 새기는 간단한 기술을 배우라. 이 책이 제시하는 새로운 방법을 이용하여 이 무한한 저장 창고의 문을 열도록 하라.

이 책을 보다 주의 깊고 진지하게 읽어, 당신을 돕는 놀라운 방법을 스스로 증명해 보라. 그것이야말로 곧 당신의 인생에 커다란 전기가 됨을 나는 확신한다.

기도하지 않는 사람은 없다

당신은 보다 효과적인 기원의 방법이 무엇인지 알고 있는가?

당신이 날마다 해나가는 일에 대해 기도하지 않은 지가 얼마나 되는가?

긴급하고 위급할 때, 병고에 시달릴 때, 죽음이 임박했을 때 사람들은 누구나 기도를 하게 된다. 당신도 그렇고 당신의 친구 역시 그러하다.

신문 기사를 보라. 신문에는 어떤 목적을 가진 기도들로 가득하다. 이른바 불치병에 걸린 아이들을 위한 기도, 국가간의 평화를 위한 기도, 탄광에 갇힌 광부들의 기도…….

갱도에 갇혀 있던 광부들이 구조를 기다리면서 간절히 기도했다는 기사가 그들이 구조된 후에 보도된 적이 있으며, 또한 불시착을 감행할 당시 비행기 조종사가 기도를 올렸다는 보도도 있다.

확실히 기도는 어떤 난관에 부딪쳤을 때 나타나는 원조자라 할 수 있다.

그러나 굳이 난관에 부딪쳤을 때만 기도할 것이 아니라, 기도를 일상 생활의 한 부분으로 삼는 것이 어떨까?

기도 내용이 실제 생활에서 극적으로 이루어졌다는 기사가 신문에 크게 보도된 적도 있는데, 이는 기도의 유효성을 입증하는 좋은 증거이다.

누구나 모두 기원이 있다

어린이들의 작은 기원, 매일 식탁에서 하는 간단한 기도, 또는 하느님과의 교류를 위해 혼자서 하는 신앙심 깊은 기도 등은 과연 어떠할까?

그 동안 나는 많은 사람들을 만나면서 여러 가지 기도 방법을 연구할 필요를 느꼈다. 나는 나 자신의 생활 속에서도 기도의 힘을 경험하였을 뿐만 아니라, 기도가 큰 도움이 되었다고 주장하는 많은 사람들과 이야기를 나누거나 함께 일한 경험이 있다. 그러나 여기서 흔히 문제가 되는 것은 다른 사람들에게 어떤 방식으로 기도하는 방법을 가르치느냐 하는 점이다.

난관에 봉착한 사람들은 대부분 정상적인 사고나 행동이 불가능한 법이다. 따라서 그들이 필요로 하는 것은 단순 명료하고 보다 효과적인 기도여야 한다.

때로는 기도의 효과를 빨리 볼 수 있는 곳으로 그들을 인도할 필요도 있다.

이 책의 특징

이 책의 특징은 즉시 실생활에 활용할 수 있다는 실용성에 있다.

이 책에서 제시하는 인생의 기술과 갖가지 방법들은 모두 간단하여 당장이라도 매일매일 삶에 응용할 수 있다.

나는 그 동안 이렇듯 간단한 방법들을 세계의 수많은 사람들에게 가르쳐 왔다.

이 책의 특징에 대해 당신 역시 만족하리라 믿는다. 이 책에는 어째서 자기가 기도하는 것과 반대되는 일이 일어나는가에 대해 설명하고 있기 때문이다.

그들에게 질문받은 내용은 주로 이러했다.

"나는 정성껏 기도했습니다. 그런데도 전혀 효과가 나타나지 않는 것은 무슨 까닭입니까?"

이 책은 이와 같은 대다수 사람들의 불평에 대해 자세히 설명하고 있으며, 잠재의식에 새겨 두고 적절한 해답을 얻을 수 있는 많은 방법들이 제시되어 있다.

이 책은 당신이 난관에 처했을 때 곧바로 도움을 청할 수 있는 원조자의 역할을 충실히 해낼 것이다.

무엇을 믿을 것인가?

'어느 신에게 기도해야만 나의 기도가 이루어질까?'

그러나 이것은 그다지 중요하지가 않다.

기도가 이루어지는 것은 잠재의식이 마음 속에서 그린 것, 또 생각한 것이 반영되기 때문이다.

이와 같은 '신념이 법칙'은 전 세계의 모든 종교에 작용하고 있으며, 또한 세상의 어떤 종교도 심리학적으로는 진실이 담겨 있다.

불교나 기독교·이슬람교·유대교 등, 그 어느 대상에게 기도하여 그것이 이루어졌다 하더라도, 이는 특별한 종교나 종파·의식·전례·기도말·주문呪文·희생·제물 때문에 영험을 얻는 것이 아니라, 그와는 전혀 다른 신념이나 기원을 마음 속에서 받아들임으로써 이루어진 것이다.

생명의 법칙은 곧 신념의 법칙이며, '신념'이란 간단히 말해 '마음 속에 생각하고 있는 일'이라 할 수 있다.

사람이 사고하고 느끼고 신뢰하듯이, 그 사람의 마음과 몸과 환경의 상태 또한 그와 같이 되는 법이다.

내가 지금 무엇을 하고 있으며, 왜 그런 일을 하고 있는가에 대한 이해에 바탕을 둔 기술이나 방법은 인생에 있어서 보다 필요한 모든 것을 잠재의식으로 구현되게 해 준다.

본질적으로, 기도가 이루어졌다는 것은 마음 속으로부터 기원하던 일이 실현되었음을 뜻한다.

소망은 기원이다

세상 사람들은 누구나 건강이나 행복, 마음의 안전이나 평화 등, 참된 자기 발휘를 원하고 있지만, 그것을 성취하는 사람은 몇 안 된다.

최근 대학 교수 한 분이 나에게 이런 말을 한 적이 있다.

"나는 마음의 형태를 바꿔서 편안한 생활을 해야만 궤양이 낫는다는 사실을 알고 있지요. 그러나 나는 그 방법과 기술을 알지 못해 여러 가지 문제 앞에서 멈칫거릴 뿐입니다. 나는 좌절되고 패배하여 불행의 끝에 있다고 생각하고 있습니다."

그러니까 이 교수가 필요로 하는 것은, 자기가 바라는 것을 이룰 수 있도록 자신의 마음을 움직이는 방법이었다.

마침내 그는 이 책에 나와 있는 치료법을 실행하여 건강을 되찾게 되었다.

모든 사람들에게는 공통된 마음이 있다

기적을 일으키는 잠재의식의 힘은 당신과 내가 태어나기 전, 그 어떤 교회, 아니 그 어떤 사례가 있기 전부터 존재하고 있었다. 생명이 대진리나 원리는 그 어떤 종교보다도 오래 된 것이다.

　이 사실을 염두에 두고, 만물을 변하게 하는 마술적인 힘을 이 책에서 터득해 보기 바란다.

　그 힘은 당신의 정신이나 육체의 상처를 감싸 주고, 공포·가난·실패·비참·결핍·좌절 등의 제한으로부터 완전하게 당신을 해방시켜 줄 것이다.

　당신은 단지 자신이 이루고 싶은 것과 정신적·정서적인 것을 하나로 뭉치게만 하면 된다. 그러면 당신의 잠재의식의 창조적인 힘이 이에 대해 답을 내려 줄 것이다.

　오늘부터 당신의 인생에 기적이 일어날 것이다. 그것을 지속시키라. 어둠이 사라져 날이 샐 때까지 그것을 계속하라.

Contents

01

자기 안에 있는
보물 창고를 열어라
The Power of your subconsious mind

당신이 마음의 눈을 뜨고 자신의 내부에 존재하고 있는 무한한 보물 창고를 볼 수만 있다면, 당신의 주위에는 부富가 무한히 널려 있음을 알게 될 것이다. 당신의 내면에는 금광이 있으며, 필요한 것은 그곳에서 무엇이나 이끌어 낼 수 있다. 그것을 잘 이용한다면 인생을 보다 멋지고 즐겁고 풍부하게 살아갈 수 있다.

그러나 많은 사람들이 자기 내면에 이와 같은 무한한 지성과 사랑을 갖춘 금광이 있다는 사실을 모르기 때문에 이것들을 누리지 못하는 것이다. 강조하건대, 당신은 그 금광에서 당신이 원하는 모든 것을 끌어낼 수 있다.

쇠붙이에 자석을 대면, 그 자석은 자기 중량의 12배나 되는 무거운 쇠붙이를 들어 올릴 수가 있다. 그러나 그 자력을 제거하면, 새의 깃털처럼 아주 가벼운 것조차도 들어 올릴 수가 없다.

이와 마찬가지로, 인간에게는 대체로 두 가지 유형이 있다.

그 하나는, 소위 자력을 지닌 사람으로서 강한 자신감과 신념을 소유한 사람이다. 이들은, 자기는 처음부터 승리하고 성공할 수 있도록 선택받아 태어났다고 믿는다.

또 다른 유형은, 소위 자력이 빠져 나간 사람이다.

그들은 우선 두려움과 의심으로 가득하다. 그들은 설사 더할 나위 없는 기회가 온다 하더라도 자신이 없다.

"나는 실패할지도 모른다. 돈을 잃게 될지도 모른다. 세상 사람들 모두가 나를 비웃을 것이다."

이 유형들은 좀처럼 인생에서 성공하기가 어렵다. 아니, 단정적으로 말해 성공하지 못할 수밖에 없다.

왜냐 하면 전진하기 두려워 망설이는 사람들은 지금의 위치에 머무를 수밖에 없기 때문이다.

그러므로 우선 자력을 가진 사람이 되도록 노력하라.

그리고 영원한 대비밀을 발견하도록 노력하라.

영원한 대비밀의 해답은 간단하다

영원한 대비밀을 당신은 어떻게 생각하는가?

원자 에너지? 아니면 열핵熱核 에너지? 아니면 중성자 폭탄? 그것도 아니면 혹성 여행?

그러나 영원한 대비밀이란 결코 그런 것이 아니다.

그렇다면 무엇일까? 무엇이 우리가 말하는 영원한 대비밀일까? 그리고 그것은 어디에 존재하는 것일까?

어떻게 하면 그와 같은 대비밀에 가까이 접근할 수 있으며, 이를 작용하게 할 수 있을까?

이러한 물음들에 대한 해답은 놀라울 정도로 아주 간단하다.

그 비밀은 당신 자신의 잠재의식에 내재되어 있는 놀라운 힘, 곧 기적을 일으키는 힘이다.

잠재의식이야말로 대부분의 사람들이 전혀 무관심한, 전혀 연구의 대상으로 삼지 않는 것이다.

잠재의식이 갖고 있는 놀라운 힘의 사용법

만일 당신이 당신의 내면 깊숙이 존재하는 잠재의식의 힘에 접근할 수 있고, 그 힘을 풀어 나갈 수 있는 방법을 확실히 배우기만 한다면 당신의 인생은 보다 활력이 넘치게 된다.

그리고 좀더 부유하고 좀더 건강하고 좀더 기쁜 생활을 영위할 수 있다.

그렇다고 굳이 이 힘을 획득하려고 노력할 필요는 없다.

당신은 이미 그 힘을 지니고 있기 때문이다.

이제 당신은 그 힘의 사용법을 배워야 한다.

우선 당신은 인생의 모든 분야에 적용할 수 있도록 그 힘을 이해해야 한다.

이 책에서 서술된 보다 간단한 기술과 절차에 따르기만 하면 당신은 당신이 필요한 만큼의 지식과 이해를 얻을 수가 있다.

당신은 새로운 빛에 의하여 영감을 받고, 새로운 힘을 일으키며, 자기의 소망을 실현시키고, 모든 꿈을 현실화할 수가 있다.

바로 지금 자기의 인생을 보다 원대하게, 보다 위대하게, 보다 풍부하게, 그리고 보다 고귀하게 갖고자 하는 결심을 다지도록 하라.

당신 내면 깊숙이 자리 잡고 있는 잠재의식에는 무한한 힘, 그리고 당신이 필요로 하는 무한한 공급원이 숨어 있다.

그것들은 지금 당신에 의해 쓸모 있는 것으로 개발되고 표현되기를 기다리고 있다.

당신의 생각보다 더 깊은 곳에 있는 이 같은 가능성을 지금 이 순간 인정하도록 하자.

그렇게만 한다면, 그 가능성은 뚜렷한 형태로 당신 앞에 나타나게 될 것이다. 당신의 마음의 문을 활짝 열고 기다릴 때, 당신의 잠재의식 속에 숨어 있는 무한한 지성은 당신이 원하는 바를 언제 어디서나 당신 앞에 제시할 수가 있다.

당신은 새로운 사상, 새로운 아이디어를 갖고 새로운 발명 또는 발견을 할 수 있고, 대본이나 저술을 할 수가 있으며, 또한 당신의 잠재의식 속에 있는 이 무한한 지성은 놀라우리만치 독창적인 지식을 당신에게 제공할 수가 있다.

그것은 참된 지위를 당신에게 제시하는 동시에 그곳에 이르는 길을 활짝 열어 줄 것이다.

당신의 잠재의식이 지니는 지혜에 의해 당신은 이상적인 배우자나 사업상의 보다 적절한 행동자를 끌어들일 수가 있다.

만일 당신이 집을 팔고자 한다면 그것은 당신에게 가장 적절한 매입자를 발견해 주고, 당신이 돈을 필요로 한다면 서슴없이 필요한 만큼의 돈을 당신에게 공급해 준다.

또한 당신은 당신이 원하는 유형의 인간으로 탈바꿈할 수 있으며, 모든 일을 자기가 원하는 바대로 할 수가 있고, 자기가 가고 싶은 곳으로 갈 수 있는 경제적인 여건을 부여한다.

이 얼마나 놀라운 힘인가!

사상·감정·힘·빛·사랑·아름다움으로부터 이루어지는 이와 같은 내면의 세계를 발견하는 것은 모두 당신의 권리이다.

눈으로 볼 수는 없지만 그 힘은 너무나 멋지다.

당신의 잠재의식 속에는 그 어떤 문제라도 해결할 수 있는 열쇠가 있듯이, 그 어떤 결과도 끌어낼 수 있는 원인이 숨어 있다.

이와 같은 숨겨진 힘을 이끌어 냄으로써 당신은 보다 풍부하고, 안전하고, 환희에 넘치게 된다. 그리고 모든 것에 영향을 미치며, 전진해 나가는 데 필요한 힘과 지혜를 당신의 손아귀에 거머쥘 수가 있는 것이다.

이처럼 사람들은 잠재의식에 내재된 무한한 힘의 도움으로 무능력으로부터 벗어나 결함이 없는 활력에 넘치는 인간이 되어 세파를 헤쳐 나갈 수 있는 것이다.

그 동안 나는 잠재의식의 힘을 활용해 행복과 건강과 즐거움 가득한 생활을 경험하는 것을 수없이 목격해 왔다.

당신의 잠재의식 속에는 불가사의한 치유력이 있어서 괴로워하는 영혼을 치유하고, 상처 입은 마음을 위로해 준다. 그것은 마치 감옥과도 같은 마음의 문을 열어 주어 당신을 자유롭게 해 준다.

그것은 갖가지 물질적·육체적 부자유로부터 당신을 해방시켜 준다.

기초 원리가 없이는 참된 진보란 없다

그 어떤 분야에 있어서나 기초 원리 없이는 모든 노력이 허사가 된다.

그것이 없이는 참된 진보란 불가능해지기 때문이다.

당신도 자기의 잠재의식을 조작하는 데 숙달할 수가 있다. 잠재의식의 힘을 사용하게 될 경우, 그 원리에 관한 지식이 많으면 많을수록, 그리고 그 원리를 보다 효과적으로 이용하면 이용할수록 결과는 더욱 확실해진다.

과거에 화학자였던 나로서는 수소와 산소의 원자를 2 대 1의 비율로 화합시키면 물이 생긴다는 사실을 지적하고 싶다.

당신 또한 산소의 원자와 탄소의 원자를 각기 한 개씩 화합시키면 일산화탄소라는 유해 가스가 생긴다는 것을 잘 알고 있을 것이다.

그러나 여기에 다시 한 개의 산소 원자를 화합시키면 탄산가스라는 전혀 무해한 기체가 생성된다.

그 구성의 신비는 모두 이와 같다.

화학이든 물리든 수학이든, 그들의 원리가 당신이 갖고 있는 잠재의식의 원리와 전혀 다르다고 생각해서는 안 된다. 가령, 누구나 인정하는 '물은 낮은 데로 흐른다'는 원리를 생각해 보라.

이것은 물인 이상 어느 곳에서나 적용되는 보편적인 원리이다.

또한 '모든 물질은 열을 가하면 팽창한다'는 원리를 생각해 보라.

이는 그 어떠한 장소, 어떠한 때, 그리고 어떠한 상황 속에서도 진리임에 틀림없다.

쇠붙이에 열을 가해 보자. 중국이든 영국이든 인도이든, 장소에 구애됨이 없이 팽창 현상을 일으킨다.

물질에 열을 가하면 팽창한다는 것은 지극히 보편적인 진리이다.

이와 마찬가지로, 당신의 잠재의식 속에 각인된 모든 것은, 체험으로 얻어진 것으로 공간 속에 하나의 형태를 가지고 나타나는 것이다.

기원하는 바가 성취되는 것은 잠재의식의 원리로 설명할 수 있다. 이 경우 원리라는 것은 그 어떤 현상의 사용 방법으로 해석하는 것이 좋다.

가령, 전기의 원리에 대해 생각해 보자. 전기의 원리는 전기가 고전위高電位로부터 저전위低電位로 향하여 작용하는 것을 뜻한다.

전기를 사용할 때, 당신은 전기의 원리를 변경할 수는 없으나 자연과의 협력에 의하여 여러 가지로 새로운 것을 만들어 낼 수는 있다. 인류의 행복을 위해 도움이 될 수 있는 새로운 발명과 발견을 끊임없이 할 수 있는 것이다.

당신의 잠재의식은 분명히 하나의 원리로서 신념의 법칙에 의해 작용한다.

당신은 우선 당신의 신념이 어떤 것인가를 알 필요가 있다. 즉, 그것이 어떤 방법으로 작용하는가를 알아야 할 필요가 있다.

이에 대해 성경에는 간단 명료하게, 그리고 보다 아름답게 씌어 있다.

"내가 진실로 너희에게 이르노니 누구든지 이 산더러 들리어 바다에 던지우라 하며 그 말하는 것이 이룰 줄 믿고 마음에 의심치 아니하면 그대로 되리라."

〈마가복음〉 제11장 23절

마음의 법칙은 곧 신념의 법칙이다

이는 마음의 작용을 믿는 것, 즉 신념을 믿는 것과 같다.

마음을 믿는다는 것은 바로 마음 속에서 생각하는 것 그 자체를 믿는 것이다.

당신이 경험했던 일이나 상태·행위 등은 모두 당신이 생각하고 있는 일에 대한 마음의 잠재의식의 반응이다. 결과를 야기하는 것은 마음먹는 그 어떤 대상물이 아니라, 당신의 정신에 대한 신념 그 자체라는 것을 결코 잊어서는 안 된다.

인류가 갖고 있는 그릇된 신념이나 의견, 또는 미신이나 공포 등을 믿는 것처럼 어리석은 일도 없다.

언제나 변함이 없는 인생의 영원한 진리, 곧 진실을 믿도록 바로 이 순간부터 노력하자. 그렇게 할 수만 있다면 당신은 더욱 전진하고 향상할 수 있으며, 하느님이 원하는 방향으로 나아갈 수가 있다.

이 책에 씌어져 있는 잠재의식의 원리를 응용할 수 있는 사람은 자기를 위한 보다 과학적이고 효과적인 기원이 가능해질 것이다.

당신의 기원은 작용과 반작용이라는 보편적인 법칙에 의해 실현 가능해질 수 있다. 반작용은 당신의 잠재의식으로부터의 응답이지만, 이는 당신이 생각하는 것에 대해 부응하는 것이다.

항상 당신의 마음 속에 조화와 건강과 평화와 선의의 마음이 충만되도록 노력하라. 그렇게만 할 수 있다면, 당신은 당신의 생활 속에서 기적을 맛볼 수가 있다.

두 가지 마음의 기능

단 하나밖에 없는 당신의 마음에는 분명한 두 가지 특징이 있다. 이 두 가지 특징을 구분하는 경계선은 오늘날 스스로 생각할 줄 아는 모든 사람들에게 너무도 잘 알려져 있다.

당신의 마음이 지니는 이 두 가지 기능은 본질적으로 서로 다른 속성과 힘을 지니고 있기 때문이다.

이 두 가지 마음의 기능을 구별하기 위해 흔히 이용되고 있는 호칭은 다음과 같다.

즉, 객관적 정신과 주관적 정신, 의식과 잠재의식, 깨어 있는 마음과 잠들어 있는 마음, 표면적 자기와 심층적 자기, 수의적隨意的 정신과 부수의적不隨意的 정신, 남성적인 것과 여성적인 것 등이 그것이다.

그 밖에도 호칭은 얼마든지 많이 있으나, 여기에서는 마음의 이중적 성질을 표현하기 위하여 '의식적인 것과 잠재의식적인 것', 이 두 가지를 이용하기로 하겠다.

당신의 모든 생활은 변화시킬 수 있다

당신의 마음이 지니는 두 가지 기능을 알 수 있는 가장 좋은 방법은 마치 정원을 바라보듯이 자기의 마음을 바라보는 것이다.

그러니까 당신은 정원사로서 표현될 수도 있다. 자신의 습관적 사고 방식에 의해 당신은 하루 종일 당신의 잠재의식 속에 씨앗사고을 뿌리고 있기 때문이다.

자기의 잠재의식에 어떤 씨앗을 뿌렸는가에 따라 당신은 자기의 몸이나 환경이라는 형태의 수확을 거둘 수가 있다.

자, 그럼 지금부터 평화와 행복, 적당한 행위, 선의·번영 등과 같은 사고思考의 씨앗을 뿌려 보자.

보다 훌륭한 일들을 조용히 관심 깊게 생각하고, 이를 자기가 의식하고 사고하는 정신 속에 충분히 받아들이도록 노력하자. 그리고 이와 같은 멋진 씨앗들을 당신의 마음밭에다 계속 뿌려 나가도록 노력하자.

확신하건대, 만일 그렇게만 한다면, 당신은 분명히 보다 멋진 수확을 얻을 수 있을 것이다.

당신의 잠재의식은 좋은 씨앗이든 나쁜 씨앗이든 일단 한 번 뿌려진 것을 싹틔우고 성장시키는 토양에 비유할 수 있다.

어떻게 가시나무에서 포도를, 엉겅퀴에서 무화과를 수확할 수 있겠는가?

이처럼 모든 사고는 모든 것의 원인이 되는 법이다.

또 모든 상태는 그 어떤 원인이 있었음으로써 얻게 된 결과임을 잊어서는 안 된다.

그러므로 문제는 간단하다. 당신의 사고에 신경을 기울여, 보다 사랑스러운 상태만 잉태할 수 있게 만드는 것이다.

항상 올바른 것만을 생각하고, 잠재의식 속에 저장된 모든 사고가 건설적이며 조화적이며 평화적일 때, 당신의 잠재의식이 지니는 마술적인 힘은 그와 같은 사고에 부응하여 조화적인 상황, 유쾌한 환경 등에 영향을 미치는 것이다.

당신의 사고 과정을 제어할 수 있게 되면 당신은 당신의 잠재의식의 힘을 그 어떤 어려운 문제에 부딪쳐서도 보다 적절하게 응용할 수 있다. 이를 다른 말로 표현한다면, '실제로 만물을 지배하는 무한하며 만능인 법칙에 의식적으로 협력하고 있다'는 것이 된다.

지금 당신이 처해 있는 위치에서 주위를 한번 둘러보라.

대부분은 자기가 지금 너무나도 외진 세계에 살고 있다는 사실을 깨닫게 될 것이다.

현명한 사람들은 분명히 내적인 세계에 깊은 관심을 갖고 있다. 여기서 잊지 말아야 할 것은, 당신의 외적인 세계를 형성하고 있는 것은 바로 당신의 내적인 세계, 즉 당신의 사고와 감정, 그리고 상상이라는 사실이다.

따라서 그것이 곧 유일한 창조력임은 두말할 것도 없다.

그리고 당신 앞에 나타나는 것들은 모두가 당신의 마음이라는 내적인 세계에서 의식적·무의식적으로 창조해 낸 것들이다.

만일 당신이 의식과 잠재의식의 상호 작용에 관한 지식을 습득하고 있다면, 당신은 당신의 모든 생활을 변화시킬 수가 있다.

외적인 상황을 바꾸려면 우선 그 원인을 생각하지 않으면 안 된다.

상황이나 환경을 바꾸고자 할 때, 대부분의 사람들은 직접 그 상황을 개선하려 한다. 그러나 불화나 혼란, 결핍과 불능 등을 제거하기 위해서는 우선 그 원인부터 제거하지 않으면 안 된다.

그 원인이란, 당신이 의식하는 마음의 사용법을 말한다. 즉, 당신의 사고 방식·상상력·작용법 등을 가리킨다.

당신은 지금 무한한 부富가 숨겨진 바다 밑에서 살고 있다.

당신의 잠재의식은 당신이 생각하고 있는 일들에 대해 지나칠 정도로 예민하다. 사고에 의해 형성되어 가는 당신의 잠재의식 속에는 무한한 지성과 지혜·활력·에너지가 넘쳐흐르고 있다.

이 책에서 제시하는 마음의 법칙을 실제로 응용하면, 당신은 가난 대신 풍족함을, 미신과 무지 대신 현명한 지혜를, 고통 대신 평화를, 슬픔 대신 기쁨을, 어둠 대신 빛을, 불협화음 대신 조화를, 공포 대신 신념과 자신감을, 실패 대신 성공을, 그리고 일반적인 사람들에게 적용되는 법칙으로부터 자유를 체험하게 될 것이다.

지적·정신적·물질적 견지에서 볼 때 이보다 더 멋진 일이 세상에 또 있을까.

위대한 과학자·예술가·시인·가수·저술가, 그리고 발명가들은 대체로 의식하는 마음과 잠재의식의 작용에 대하여 잘 알고 있다.

여기서 그에 대한 일화를 소개해 보겠다.

유명한 테너 가수 카루소도 한때 무대 공포증이 있었다.

무대에 올라갈 시간이 가까워 오자 그는 강렬한 공포감과 함께 목에 마비 증세가 왔다. 얼굴에서는 땀방울이 비 오듯 흘러내렸다. 무대에 서야 할 시간은 점점 눈앞에 다가오고 있었다. 쥐구멍이라도 있으면 당장 뛰어들고 싶은 심정이었다. 그러나 마음을 사로잡는 공포감은 좀처럼 가라앉지 않았다. 그는 생각했다.

'내가 무대에 올라가면 모든 관객들이 나를 비웃을 것이다. 도저히 노래를 부를 수가 없을 것 같아.'

도저히 더 이상 참을 수 없게 된 그는 무대 뒤에 있는 스태프들에게 이렇게 소리쳤다.

"도저히 노래를 못 부르겠습니다! 내 마음 속에는 작은 내가 큰 나의 목을 조이고 있어요!"

그러고 나서 그는 자기 속에 있는 작은 그에게 이렇게 소리쳤다.

"마음 속의 작은 카루소야, 어서 내게서 떠나가라! 큰 카루소가 노래를 부르겠다고 하지 않는가!"

순간, 그의 잠재의식은 훌륭하고도 민첩하게 움직이기 시작했다.

그는 내재하는 활력을 해방시켰다. 마침내 그의 이름이 불려졌을 때, 그는 극히 정상적인 걸음걸이로 무대를 향해 걸어 나가 그 어느 때보다도 장중하고 매력적인 목소리로 노래하여 청중을 매혹시켰다.

이 카루소의 일화에 대해 당신은 어떻게 생각하는가?

카루소는 그때 자기 마음 속에 내재하는 두 가지 층의식적이며 이성적인 층과 잠재의식적이며 비합리적인 층을 분명히 이해하고 있었다.

당신의 잠재의식은 당신이 생각하는 바에 따라 순응하게 된다.

당신이 의식하고 있는 마음작은 나이 공포나 근심, 또는 불안으로 가득 차 있을 때, 당신의 잠재의식른 나 속에서 일어난 부정적 감정이 부풀어 올라 의식하는 마음을 공포, 불길한 예감, 그리고 절망감 등으로 가득 채우게 된다.

이때 당신은 카루소가 그러했던 것처럼 마음 속보다 더 깊은 곳에서 일어나는 비합리적인 감정에 보다 단호하고 깊은 권위적 감정으로 다음과 같이 확언할 수가 있다.

"시끄러워! 너의 모든 것은 내가 지배하고 있다. 따라서 너는 나에게 절대 복종해야만 한다. 너는 나의 명령에 따라야만 한다. 너는 지금 네가 나설 수 없는 위치에 함부로 나서고 있단 말이야!"

당신의 보다 깊고 비합리적인 자기 행위에 대하여 권위와 자신감을 갖고 대화를 청하면, 당신의 마음 속에 무한한 고요와 조화, 그리고 무한한 평화가 찾아오게 된다.

잠재의식은 의식하는 마음에 절대 복종한다. 때문에 잠재의식이니 주관적이니 하는 이름이 존재하는 것이다.

잠재의식은 명령대로 움직인다

그 주요한 상위점은 다음에 소개하는 실례로써 충분히 이해되리라 믿는다. 의식하는 마음은 배에서 항해를 지휘하는 선장과도 같다. 선장은 배를 지휘하고, 기관실의 선원들에게 명령이나 신호도 내린다. 이와 같은 선장의 명령이나 신호에 의해 선원들은 보일러나 기계들을 조작하는 것이다.

기관실의 선원들의 경우, 자기들이 지금 어떤 방향으로 나아가고 있는지 알 길이 없다. 그들은 다만 선장의 명령에 복종할 뿐이다.

만일 선장이 나침반이나 육분의六分儀 또는 기구 등에 나타난 바대로 바르게 지시하지 않고 그릇된 방향으로 지시를 내리게 된다면, 틀림없이 배가 바위 위로 좌초해 버릴 것이다.

기관실의 선원들 또한 선장의 명령에 절대 복종해야 한다. 왜냐 하면 선장의 임무 자체가 명령과 지시이며, 그가 내리는 모든 명령과 지시에 따라 모든 선원이 자동적으로 복종하게 되어 있기 때문이다.

승무원들 가운데 어느 누구도 선장의 명령을 거역할 수가 없다. 그들에게는 단지 명령의 실행만이 있을 뿐이다.

선장은 그 배의 주인이며, 따라서 그의 명령은 반드시 실행되어야 하다.

이와 마찬가지로, 당신의 의식하는 마음은 당신이 타고 있는 배의 주인인 것이다.

여기에서 '당신이 타고 있는 배'란, 당신의 육체와 당신이 처한 환경, 그리고 당신 주변에 있는 모든 것을 뜻한다.

당신의 의식하는 마음이 진실이라고 믿고 받아들이는 것은 원칙적으로 당신이 내리는 명령을 당신의 잠재의식이 받아들이는 것이다.

만일 당신이 누군가에 대하여 "나는 그런 물건을 살 만한 여유가 없어" 하고 몇 번씩 되풀이 말하다 보면, 당신의 잠재의식은 당신의 그 말을 사실로서 받아들여 당신으로 하여금 그 물건을 살 수 없는 입장이 되도록 조작해 버린다.

"나는 저렇게 훌륭한 자동차는 살 수가 없어."

"나는 저 사람들과 같이 유럽을 여행할 만한 여유가 없어."

"나는 저 사람들과 같이 모피 코트나 흰 족제비로 만든 목도리 따위를 걸치고 다닐 만한 여유가 없어."

이런 말들을 되풀이하면 틀림없이 잠재의식은 당신의 명령에 따라 일생 동안 모피 코트나 흰 족제비 목도리를 손에 넣을 수 없게 만들어 버린다.

지난 크리스마스 이브 때, 젊고 아름다운 어느 여대생이 쇼윈도에 진열되어 있는 멋지고 값비싼 여행용 가방을 보았다. 크리스마스 휴가를 얻어 뉴욕 버펄로에 있는 고향으로 돌아가는 길이었다.

가방을 본 순간 그녀는 자칫 이렇게 말할 뻔했다.

'안 돼. 나에게는 저렇게 값 비싸고 좋은 가방을 살 만한 여유가 없어.'

그러나 그녀는 언젠가 들었던 나의 강연 내용을 생각해 냈다.

'끝까지 부정적인 말을 하지 말라. 곧 그와 같은 부정적인 생각을 지워 버려라. 그렇게만 하면 당신의 생활에 기적이 일어난다.'

그래서 그녀는 자기 자신에게 이렇게 말했다.

"저 가방은 내 것이다. 저 가방은 팔려고 진열해 놓은 것이다. 나는 내 마음 속에 이를 받아들인다. 그렇게 하면, 나의 잠재의식은 내가 저 물건을 가질 수 있도록 주선해 줄 것이다."

크리스마스 이브 날 밤 8시. 그녀의 약혼자가 손에 가방을 들고 그녀를 찾아왔다. 크리스마스 선물이었다. 그런데 이것이 어찌된 일인가! 그 가방은 그날 아침 그녀가 쇼윈도에서 발견하고 스스로 자기 것으로 결정하였던 바로 그 가방과 똑같은 것이었다.

그녀는 자기의 마음을 기대하는 마음으로 충만하게 하고, 모든 것을 보다 깊은 곳에 내재되어 있는 심층의 마음으로 인도했던 것이다.

바로 이 심층의 마음이 그녀의 소원을 달성하기 위한 기술을 터득하고 있었던 것이다.

남캘리포니아 대학에 다니는 그 여대생은 나에게 이렇게 말했다.

"나는 그때 그 가방을 살 만한 돈이 없었어요. 하지만 이제는 돈뿐만 아니라 내가 필요로 하는 모든 것들을 찾아낼 수 있는 장소를 발견했어요. 나의 내부에 존재하는 잠재의식이 바로 보고寶庫지요."

간단한 예를 하나 들어보겠다.

당신이 가령, "나는 버섯을 좋아하지 않아." 하고 말한 뒤에 잡채나 샐러드에 들어 있는 버섯을 먹는다고 하자. 그러면 당신은 틀림없이 소화 불량을 일으키게 된다. 그것은 당신의 잠재의식이 당신에게 다음과 같은 말을 하게 되기 때문이다.

"주인당신의 의식하는 마음은 버섯을 싫어하신다."

이는 당신이 의식하는 마음과 잠재의식 간의 작용을 나타내는 재미있는 실례이다.

누군가가 이렇게 말했다고 하자.

"잠자리에서 커피를 마시면 나는 새벽 3시까지 잠을 잘 수가 없어."

그러면 이 사람이 잠자리에서 커피를 마실 때마다 그의 잠재의식은 이렇게 말하게 된다.

"주인은 오늘 밤 당신이 깨어 있도록 명령하고 있다."

당신의 잠재의식은 하루 24시간 동안 쉬지 않고 계속 활동하면서 당신의 이익을 위해 노력하고 있다. 어떻게 해서든지 달콤한 열매를 당신의 무릎 위에 올려놓기 위해 안간힘을 쓰고 있는 것이다.

잠재의식이 맺어준 인연

몇 달 전에 어떤 부인이 나에게 다음과 같은 편지를 보내 왔다.

나는 올해로 75세가 된 미망인입니다. 아이들은 이젠 모두 어른이 되었지요. 나는 노년을 연금에 의존하여 외롭게 살고 있습니다. 언젠가 나는 선생님의 '잠재의식이 지니는 힘'에 대한 강연을 들은 적이 있습니다. 그때 선생님은 신념과 기대를 마음 속 깊이 되풀이하여 생각하면 그것이 잠재의식으로 전달된다고 말씀하셨지요. 그때부터 나는 감정을 충분히 넣어 다음과 같은 말을 계속 되풀이하였습니다.

"나는 복을 받고 있는 몸이다. 나는 다정다감하고 애정이 깊으며, 정신적으로 깊이 있는 사람과 행복하게 결혼했음을 확신한다."

나는 이와 같은 말을 하루에도 몇 번씩 약 2주일 동안 계속해서 되풀이하였습니다. 그러던 어느 날, 나는 거리 모퉁이에서 약국을 경영하고 있는 한 남자분을 소개받았습니다. 그는 이미 나이가 들어 은거 생활을 하고 있는 제약사였습니다. 그분은 친절하고 이해심이 깊었으며, 또한 신앙이 깊은 크리스천이었습니다. 이분이야말로 그 동안 내가 기도해 왔던 소원에 대한 완전한 해답이었습니다. 그분은 채 1주일도 못 되어 나에게 프로포즈를 했습니다. 그리고 지금 나는 그분과 함께 유럽으로 신혼 여행을 다녀왔습니다. 나는 나의 잠재의식 속에 있는 지성의 힘에 의해 우리 두 사람이 맺어졌다고 확신합니다.

이 부인은 무한한 보고寶庫가 자신 속에 존재한다는 사실을 깨달았던 것이다.

그녀의 기원은 참된 것이었으며, 그의 마음 속에서 그것을 감지했던 것이다. 그리고 긍정적인 그녀의 사고 방식은 잠재의식 속으로 침투하여 가라앉았지만, 이 잠재의식이야말로 그녀의 소원을 이루어준 창조적 매체였던 것이다.

그녀가 그녀의 머릿속에서 주관적으로 구체적인 형상을 그리는 데 성공하는 순간, 그녀의 잠재의식은 견인의 법칙에 따라 해답을 내려 준 것이다.

그녀의 마음 속 깊은 곳에는 지혜와 지성으로 넘쳐흘렀으며, 그것이 신적 질서에 의해 두 사람이 결합되게 했던 것이다.

"무엇에든지 참되며, 무엇에든지 경건하며, 무엇에든지 옳으며, 무엇에든지 정결하며, 무엇에든지 사랑할 만하며, 무엇에든지 칭찬할 만하며, 무슨 덕이 있던지, 무슨 기림이 있던지, 이것들을 생각하라."

〈빌레몬서〉 제4장 8절

기억해야 할 아이디어의 요약

① 보고寶庫는 당신 속에 있다.

② 당신의 마음으로부터 이루어지는 욕구에 대한 해답을 찾으려면 먼저 자신 속에 내재하는 세계를 관찰하라.

③ 모든 시대의 모든 위인들이 지녔던 그 모든 위대한 비밀은 그들이 잠재의식의 힘을 알고 이를 풀어낼 수 있는 능력을 가지고 있었다는 사실이다. 당신도 그들처럼 할 수 있다.

④ 당신의 잠재의식은 모든 문제에 대한 해답이 된다. 만일 당신이 잠들기 전

에 '나는 매일 아침 6시에 일어나고 싶다'고 암시해 두면, 잠재의식은 정확히 아침 6시에 당신을 깨워 준다.

⑤ 당신의 잠재의식은 당신의 육체를 만든 건설자이다. 따라서 잠재의식은 당신의 모든 것을 치유할 수가 있다. 매일 밤, 마음을 가라앉히고 '완전히 건강한 상태'라는 생각을 마음 속에 품고 잠자리에 들도록 하라. 그러면 당신의 충실한 종인 잠재의식은 그러한 당신의 명령에 기꺼이 따라 줄 것이다. 그 어떤 생각이든 그것은 곧 하나의 원인이 된다. 그리고 어떤 상황에서든 그것은 하나의 결과로 나타남을 기억하라.

⑥ 만일 당신이 책이나 또는 멋있는 희극을 쓰고 싶다든지, 청중에게 보다 설득력 있게 이야기하고 싶을 때는 보다 간절한 마음을 실어 당신의 잠재의식으로 보내라. 그러면 당신의 잠재의식은 곧 그것에 응답해 줄 것이다.

⑦ 당신은 마치 배를 항해하게 하는 선장과도 같다. 선장은 정확한 명령을 내려야만 한다. 그와 동시에, 당신도 또한 자기의 모든 체험을 통제하고 지배하는 잠재의식에 대하여 정확한 명령을 내려야만 한다.

⑧ '나에게는 그럴 만한 여유가 없어'라든가, '나에게는 그럴 만한 힘이 없어'라는 말은 결코 해선 안 된다. 그러면 당신의 잠재의식은 이를 모두 진실로 받아들여 당신에게 필요한 돈이나 재능을 지니지 못하도록 주선하기 때문이다. 따라서 "나는 잠재의식의 힘을 빌려 무엇이든 못 하는 일이 없다."라는 긍정적인 말을 반드시 앞세워야 한다.

⑨ 인생의 법칙이란 곧 신념의 법칙이다. 신념이란 당신의 마음 속에 있는 사고를 말한다. 하느님에게 해害가 된다든지, 당신에게 상처가 될 일을 믿어서는 안 된다. 당신의 잠재의식이 지니는 치유력과 강화력, 그리고 번영케 하는 힘을 믿어야 한다. 그것은 당신의 신념에 의하여 당신의 것으로 만들어 주기 때문이다.

⑩ 당신의 생각을 바꾸면 당신의 운명을 바꿀 수가 있다.

02

잠재의식은 자연계의
모든 법칙을 동원한다

The Power of your subconsious mind

당신은 마음이란 것을 가지고 있으므로 그 마음의 쓰임에 대해 배워야 한다.

당신의 마음에는 두 가지 형태가 있는데, 의식적인 것_{이성적인 것}과 잠재의식적인 것_{비이성적인 것}이 바로 그것이다.

당신은 '의식하는 마음'으로 생각한다. 그리고 당신이 습관적으로 생각하는 것은 곧 당신의 잠재의식 속에 가라앉게 되며, 이와 같은 잠재의식은 당신이 사고하는 성질에 따라 창조된다.

당신의 잠재의식은 당신 감정의 자리이며 창조하는 마음이다. 따라서 좋은 일을 생각하면 할수록 좋은 일들이 일어나며, 반대로 나쁜 일을 생각하면 나쁜 일이 일어나게 된다. 이것이 곧 마음의 작용인 것이다.

보다 중요한 것은, 잠재의식이 일단 어떤 생각을 받아들이게 되면 즉각적으로 이를 실행에 옮긴다는 사실이다. 잠재의식의 법칙은 좋은 쪽이나 나쁜 쪽이나 같은 방법으로 작용되는데, 이것은 잠재의식의 흥미로운 법칙이

자 하나의 진리이다.

이 법칙이 부정적인 방향으로 응용되면 실패와 좌절과 불행의 원인이 된다. 반대로, 당신의 습관적인 생각이 조화적이며 건설적이라면, 당신에게 완전한 건강과 성공과 번영을 체험하게 해 준다.

당신이 바르게 생각하고 바르게 느끼기 시작한다면, 당신은 곧 정신적으로는 평화를, 육체적으로는 건강을 찾게 된다.

이는 필연적이다. 당신의 마음 속에서 요구하고 참되게 느끼는 것이라면 당신의 잠재의식은 이를 받아들인다. 그리고 당신으로 하여금 실제로 이를 경험할 수 있도록 해 준다.

당신은 단지 자기의 잠재의식으로 하여금 당신이 생각하는 바를 받아들이게만 하면 된다. 그렇게 하면 잠재의식의 법칙은 당신에게 건강이나 평화, 그리고 당신이 원하는 만큼의 지위를 부여할 것이다.

당신이 명령이나 지시를 내리면, 당신의 잠재의식은 충실하게 그 위에 새겨진 사고를 재현해 준다.

당신은 의식하는 마음 속에 지니는 사상이나 관념의 성질에 따라 잠재의식으로부터의 반응 또는 그 해답을 얻을 수 있다.

심리학자나 정신분석학자들은, '사고가 잠재의식으로 이입되면, 그것은 곧 뇌세포에 새겨진다'고 지적한다. 잠재의식은 그 생각이 어떤 것이든 일단 받아들이기만 하면 즉각 실행에 옮기기 시작한다.

이는 관념의 연합에 의해 작용하며, 그 목적을 이루기 위해 지금까지 당신이 당신의 삶을 통하여 축적해 온 모든 지식을 빠짐없이 이용하게 된다. 당신에게 내재되어 있는 무한한 힘과 무한한 에너지를 이용하는 것이다. 또한 잠재의식은 목적을 실현하기 위해서 자연계의 모든 법칙을 모두 동원한다.

때에 따라서 그것은 당신이 당면해 있는 어려운 문제들을 즉각 해결하도록 노력하는 듯이 보이기도 한다. 그러나 그와 같은 목적을 이루기까지는 며칠이나 몇 주, 또는 그보다 더 긴 시간을 필요로 하기도 한다.

마음의 작용이란 좀처럼 눈으로 확인할 수 없는 신비한 것이다.

잠재의식은 무엇이든 옳게만 받아들인다

잠재의식과 현재의식의식하는 마음은 서로 다른 두 개의 마음이 아니라는 사실을 명심해야 한다.

당신의 의식하는 마음은 곧 사고하는 마음이 된다.

그것은 선택하는 마음의 국면을 뜻한다.

예를 들어, 당신은 책이나 집, 또는 생애의 반려자를 선택하게 되는데, 당신이 결단을 내리는 것은 모두가 의식하는 마음에 의해서다.

그런가 하면, 당신 자신이 의식적인 선택을 하지 않더라도 당신의 심장은 자동적으로 활동을 계속하고, 소화·순환·호흡 역시 당신의 의식적인 통제로부터 독립된 작용을 하게 되는데, 이는 의식이 아닌 잠재의식의 힘에 의해 진행되는 것이다.

당신의 잠재의식은 당신이 의식적으로 믿는 모든 것을 받아들일 수 있다. 잠재의식은 의식하는 마음과는 달라서 사고思考를 하지 않으며, 따라서 당신과 언쟁하는 일도 없다.

당신의 잠재의식은 토양과도 같아서 좋은 씨앗이든 나쁜 씨앗이든 구별치 않고 모두 받아들인다.

당신의 사고에는 생명이 있으므로 이는 곧 씨앗에 비유할 수 있다. 부정·파괴적인 생각은 당신의 잠재의식 속에서 계속 부정적으로 작용한다. 그리고 그러는 동안에 그에 부응한 외적인 경험으로써 싹을 틔우게 되는 것이다.

여기서 잊지 말아야 할 것이 있다.

당신의 잠재의식은 당신의 생각이 좋은가 나쁜가, 또는 옳은가 그른가를 검사하지 않는다. 오직 당신이 생각하는 바나 암시에 따라 반응한다.

가령, 당신이 어떤 일을 의식적으로 옳다고 생각하게 되면, 설령 그것이 그릇된 것이라 할지라도 잠재의식은 이를 판단하지 않는다. 결코 판단하는 일 없이 이를 옳게 받아들여 필연적인 결과를 이루도록 하는 것이다. 그것은 의식이 그것을 그렇게 받아들였기 때문이다.

잠재의식에는 선택이나 비교 능력이 없다

수면 상태에 있는 사람들에 대하여 심리학자나 그 외 여러 분야의 학자들이 실시한 무수한 실험을 통해서도 알 수 있듯이, 잠재의식에는 사고 작용에 필요한 선택이나 비교 능력이 없다.

당신의 잠재의식은 혹 잘못된 것이라 할지라도, 그리고 그 어떤 좋지 않은 암시라 할지라도 받아들인다는 것이 증명되고 있다.

어떤 암시든 일단 받아들인 이상, 잠재의식은 부여된 그 암시의 성질에 따라 반응하게 된다.

그럼 여기서 잠재의식이 받아들이기 쉬운 암시의 예를 들어 보겠다.

만일 숙련된 최면술사가 피술자에게 다음과 같은 암시를 주었다고 하자.

"당신은 보나파르트 나폴레옹이다."

"당신은 고양이다."

"당신은 개다."

그러면 피술자는 정확하게 그 암시에 따라 행동하게 된다. 피술자의 인격이 잠시 변하면서, 자기가 지금 최면술사가 부여한 암시의 주인공이 되어 있다고 굳게 믿어 버리는 것이다.

숙련된 최면술사가 최면 상태에 있는 자기 제자 중 한 사람에게는 등허리가 가렵다는 암시를, 두 번째 제자에게는 코에서 피가 나온다는 암시를, 세 번째 제자에게는 너는 대리석상이라는 암시를, 그리고 네 번째 제자에게는 지금 영하의 기온에서 떨고 있다는 암시를 주었다 하자.

이때 그들은 각각 그 암시 이외의 모든 환경은 다 잊어버리고 오직 부여된 암시의 선을 따라 행동을 하게 된다.

이 간단한 예를 보더라도, 잠재의식은 옳고 그름의 판단 없이 의식하는 마음이 심어 주는 대로 옮긴다는 것을 알 수 있다.

당신의 영혼을 축복하고 치유하고 고무하고 기쁨으로 가득 차게 해 주는 사고나 상상이나 전제를 선택하는 것이 중요하다는 이유가 바로 여기에 있다.

잠재의식은 기억의 창고이다

의식하는 마음을 때로는 객관적인 마음이라고도 부른다.

의식하는 마음은 외계의 것을 취급하기 때문이다.

객관적인 마음은 외계를 인식한다. 그의 관찰 매체가 되는 것은 인간이 가지고 있는 다섯 개의 감각 기관이다.

당신의 객관적인 마음이 환경에 접할 경우, 그것은 당신의 안내자가 되며, 또한 지휘자가 되기도 한다. 당신의 오감五感을 통하여 지식을 획득한다.

당신의 객관적인 마음은 관찰자 체험과 교육을 통해 학습한다.

앞에서 말한 바와 같이 객관적인 마음의 최대 기능은 추론적推論的 사고 기능이다.

당신이 매년 로스앤젤레스를 찾아오는 수천 명의 여행자 가운데 한 사람이라고 하자.

당신은 공원이나 우뚜우뚝 솟은 건물들, 또 멋진 집들을 보면서 마음 속으로 '로스앤젤레스는 참으로 아름다운 도시'라는 결론을 내리게 될 것이다.

이에 반해 잠재의식은 주관적인 마음으로 불린다.

잠재의식은 의식하는 마음과는 달리, 오감으로부터 독립된 수단에 의하여 환경을 인식하게 된다. 다시 말해, 직관에 의해 감지한다.

잠재의식은 감정의 자리이며 기억의 창고이다.

주관적인 마음은 당신의 객관적인 감각 기능이 정지 상태에 있을 때 최고의 기능을 발휘한다.

간단히 말해서 객관적인 마음이 정지 상태, 예를 들어 꾸벅꾸벅 졸고 있는 상태일 때 그 기능을 최고로 발휘하는 것이다.

당신의 주관적인 마음은 당신이 태어나면서부터 갖추고 나온 시각 기관을 이용하지 않고서도 사물을 볼 수가 있다. 그것은 투시와 투청透聽의 능력을 지닌다.

당신의 주관적인 마음은 당신의 육체에서 벗어나 먼 나라를 여행하며, 때로는 지극히 정확한 진실된 정보를 가지고 돌아오기도 한다.

당신은 이 주관적인 마음을 통해 타인의 마음을 읽을 수 있고, 밀봉된 편지봉투 속의 내용이나 밀폐된 금고 속의 내용물을 볼 수도 있다.

당신은 이 주관적인 전달 수단을 이용하지 않고도 다른 사람들의 마음을 이해할 수 있는 능력을 가지고 있다.

참된 기도 방식을 배우기 위해서는 객관적인 마음과 주관적인 마음의 상호 작용에 대한 이해가 보다 중요하다.

잠재의식은 추론推論이 불가능하다

당신의 잠재의식은 논의가 불가능하다. 따라서 당신이 만일 그릇된 암시를 하게 되면 잠재의식은 그것을 곧 받아들여 상태나 체험, 또는 사건 등의 형식으로 현실화시킨다.

이제까지 당신 주변에서 발생한 모든 사건은 당신의 잠재의식에 새겨진 사고의 결과이다.

만일 당신이 이미 그릇된 관념을 자기의 잠재의식에 보냈다면, 건설적이고 조화적인 사고를 몇 번씩 되풀이하여 그 그릇된 관념을 극복해야만 한다. 그러면 잠재의식은 당신의 새로운 사고를 받아들여 보다 새롭고 건강한 사고 방식과 생활 방식의 습관을 형성해 준다. 즉, 당신의 잠재의식은 습관의 자리에 있기 때문이다.

당신의 의식적인 마음과 습관적으로 생각하는 것들이 당신의 잠재의식에 깊은 수레 자국을 형성하게 된다.

만일 당신의 습관적인 사고가 조화적이고 평화적이며 건설적인 것이라면 이는 당신에게 보다 유리할 수 있다.

만일 당신이 언제나 공포와 근심, 또는 그 외의 파괴적인 사고 방식에 젖어 있다면, 당신의 잠재의식이 전지 전능하다는 것을 인정하고, 자유와 행복, 그리고 완전한 건강을 기원해야 한다. 그러면 당신의 잠재의식은 창조적인 동시에 당신의 신적 근원과 동일하므로, 당신의 마음 속으로 기원하는 자유와 평화를 형성하는 일에 착수하게 될 것이다.

암시는 무서운 힘을 가지고 있다

당신이 만일 지금까지 이 책을 충실히 읽어 왔다면 다음과 같은 사실을 깨달았을 것이다.

당신의 의식하는 마음은 소위 '문지기'로서, 그 주된 기능을 당신의 잠재의식이 그릇된 인상을 받아들이지 않도록 지켜주는 것이라는 사실을 알아야 한다.

당신은 이제 근본적인 정신 법칙, 즉 '잠재의식은 암시를 받아들이기 쉽다'는 사실을 깨달았을 것으로 믿는다.

이미 알고 있다시피, 당신의 잠재의식은 비교 내지 대조는 하지 않으며, 또한 스스로의 힘으로 추론하거나 사고하는 힘이 없다.

이 같은 기능은 당신의 의식하는 마음의 소관이기 때문이다.

잠재의식은 의식하는 마음이 그에게 부여한 인상에 대해서만 반응할 뿐이다.

다음에 제시하는 것은 암시가 지니는 무서운 해를 나타내는 고전적인 예이다.

몹시 겁이 많아 보이는 선객船客에게로 가서 당신이 걱정스런 표정을 지으며 다음과 같이 말했다고 하자.

"당신의 안색이 몹시 좋지 않군요. 파랗게 질려 있어요. 아마 뱃멀미를 하시나 보죠? 선실로 모셔다 드리겠습니다."

당신의 이 한 마디에 그는 대번에 얼굴이 새파랗게 질려 버릴 것이다.

당신이 말한 뱃멀미라는 암시는 곧 그 사람 자신의 두려움과 그 예감들로 결합된다.

그 사람은 필경 당신의 도움을 받아 선실로 내려가게 될 것이다.

당신의 뱃멀미라는 나쁜 암시가 현실로 받아들여진 것이다. 이것이 바로 암시의 힘이다.

사람에 따라 같은 암시도 반응이 다를 수 있다

암시 내용이 같다 하더라도 사람에 따라 그 반응은 각기 다르게 나타난다. 사람마다 잠재의식의 조건이나 신념이 다르기 때문이다.

가령, 당신이 선원船員에게 가서 동정 어린 표정을 지으며 이렇게 말했다고 하자.

"아이고, 안색이 무척 안 좋군요. 컨디션이 나쁘신가 보죠? 뱃멀미를 하시는 것 같은데……."

그러면 그가 어떤 성격의 사람이냐에 따라서 당신의 말을 농담으로 받아들일 수도, 화를 낼 수도 있을 것이다.

이 경우에는 당신의 암시가 아무런 효과가 없다.

왜 그럴까?

이 선원의 경우, 뱃멀미라는 암시가 이미 면역되어 있기 때문이다. 따라서 이 암시는 공포나 근심 대신에 자신감을 불러일으킨다.

사전을 보면, 암시Suggestion란, '어떤 일을 사람의 마음 속에 주입하는 행위 또는 시사'로 풀이되어 있다.

암시된 사상이나 관념이 포용되고, 받아들여지고, 실행으로 옮겨지는 경우의 심리적 과정이라는 것이다.

여기서 명심해야 할 것이 있다.

암시란, 의식하는 마음의 의사에 반하여서는 잠재의식에 아무것도 각인시킬 수 없다. 다시 말하면, 당신의 의식하는 마음은 부여된 암시를 거절할 수 있다.

앞에서 말한 선원의 경우, 뱃멀미에 대한 두려움이 전혀 없었다.

그는 자기가 뱃멀미에 면역이 되어 있다는 것을 확신하고 있었다.

그렇기 때문에 그에게 주어진 부정적인 암시가 전혀 공포를 일으킬 만한 힘을 보일 수가 없었던 것이다.

또 다른 선객에게 부여한 뱃멀미에 대한 암시는 그의 마음 속 깊이 있었던 뱃멀미에 대한 공포를 불러일으켰다.

우리는 누구나 내적인 공포와 신념, 그리고 의견 등을 지니고 있다.

이처럼 내적인 사고가 우리의 생활을 지배하고 좌우하는 것이다.

암시는 당신의 마음이 당신 자신을 받아들이지 않는 한, 그 자체만으로는 아무런 힘도 없다.

이 때문에 당신의 잠재의식은 암시의 성질에 따라 한정된 방향으로밖에 흐를 수 없는 것이다.

한 마디 말로 팔을 잃어버리다

2, 3년에 한 번씩 나는 캑스톤 호의 런던 진리 포럼London truth forum in Caxton Hall에서 연속적인 강연을 가진다.

이곳은 몇 년 전에 내가 만들어 놓은 공회당이다.

이곳의 소장인 이브린 프린트 박사가 언젠가 영자 신문에 나온 '암시의 힘'에 관한 기사에 대해 내게 말해 준 적이 있다.

한 남자가 약 2년에 걸쳐 자기의 잠재의식에 부여한 암시에 관한 이야기였는데, 그 암시는 이러했다.

"만일 내 딸의 병이 나을 수만 있다면, 내 팔 하나를 잘라 줄 수도 있다."

그의 딸은 소위 불치의 피부병과 만성 관절염까지 앓고 있는 불구의 몸이었다.

물론 의사의 치료를 받았지만 아무런 효과가 없었다.

그러자 그는 딸의 병이 낫기만을 간절히 염원한 나머지, 위와 같은 말로 자기의 소원을 표현했던 것이다.

이브린 프린트 박사에 의하면, 그 신문 기사는 그의 가족이 어느 날 드라이브를 나갔다가 교통 사고를 일으킨 것을 지적하였다고 한다.

그 아버지는 오른쪽 어깨 아래로 완전히 팔이 떨어져 나가고, 그와 동시에 그의 딸을 괴롭혔던 관절염과 피부병이 씻은 듯이 나았다는 것이다.

당신의 잠재의식은 모든 점에서 당신을 치유하고 높여 주며, 그리고 극복하는 암시만을 부여하도록 해야 한다.

당신의 잠재의식은 농담을 모른다는 것을 기억해야 한다.

잠재의식은 당신이 말한 모두를 그대로 받아들인다는 사실을 잊어서는 안 된다.

공포감을 추방한 여자 가수의 암시 비결

자기 암시란, 자기 자신에 대해 명확한 사실을 암시하는 것을 뜻한다.

하버트 파킨은 그가 쓴 소책자 《자기 암시》 1916년, 파울러사 발행에 다음과 같은 사건을 기록하고 있는데, 이야기가 아주 흥미롭다.

뉴욕을 방문한 시카고 사람이 시카고의 표준 시계보다 한 시간 빠르게 맞추어진 손목시계를 보았다.

뉴욕 친구가 시계를 보고 있는 시카고 친구에게 12시라고 말한다.

그러자 시카고의 친구는 시카고 시간과 뉴욕 시간이 차이가 있는 것을 생각지 않고 뉴욕 친구에게, "그럼 배가 고프니 점심을 먹으러 가자."라고 말한다.

자기 암시는 여러 가지 공포와 그 외 소극적인 상태를 추방하는 데 이용될 수 있다.

어떤 젊은 여자 가수가 오디션에 나갔다.

그녀는 이 오디션에 참가하기를 무척이나 바라고 있었지만 과거에 세 번이나 실패한 경험이 있어서 기쁨보다는 두려움이 앞섰다.

이 여자 가수는 무척이나 아름다운 목소리를 소유하고 있었음에도 자기 자신에게 늘 이렇게 말하곤 했었다.

"노래할 수 있는 기회가 오더라도 나는 관중으로부터 환영받을 수 없을 거야. 노래를 불러 보기는 하겠지만 아무래도 두렵고 불안해.”

이처럼 그녀의 잠재의식은 부정적인 자기 암시를 받아들이고 그것을 구현하여 그녀의 경험 속에 주입하도록 착수했다.

그 원인은 무의식적인 자기 암시, 즉 정서화하고 주관화한 공포감이었다.

그러나 그녀는 다음과 같은 기술로 이를 극복하였다.

그녀는 하루에 세 번씩 방 안에서 혼자만의 시간을 가졌다.

의자에 여유롭게 앉아서 몸을 편안히 하고 눈을 감았다.

그녀는 가능한 한 몸과 마음을 편히 하고 몸에서 힘을 뺐다.

그러자 마음이 수동적이 되면서 암시를 받아들이기 쉬운 상태가 되었다.

그리고 그녀는 자기 자신에게 이렇게 노래를 불렀다.

“나는 아름다운 노래를 부를 수 있어. 나는 침착하고 조용하며 자신감이 넘친다.”

그녀는 이렇게 노래하면서 지난 날에 품었던 공포의 암시를 지워 나갔다.

그녀는 혼자만의 시간 속에서 5~10번씩 이 같은 내용의 노래를 감정을 듬뿍 곁들여서 조용하고 천천히 되풀이하여 불렀다.

그로부터 1주일 뒤, 그녀는 놀라우리만큼 침착해지면서 자신감이 우러났다.

그 결과 그녀가 오디션에 나갔을 때, 노래를 훌륭하게 불렀음은 물론이다.

기억력을 되찾은 여인의 암시 비결

25세의 어떤 여인은 습관적으로, ‘나는 기억력이 나빠지고 있어.’란 말을 마음 속에서 되풀이하곤 했다.

그러다가 그녀는 방법을 바꾸어서 다음과 같이 유도적인 자기 암시를 하였다.

"오늘부터 나의 기억력은 점점 나아지기 시작한다. 언제 어디서든 내가 꼭 기억해야 할 것은 무엇이든지 기억할 수 있게 될 것이다. 한 번 받아들인 인상은 보다 뚜렷하고 명확해질 것이다. 나는 그것을 자동적으로, 그리고 쉽게 파악할 수 있을 것이다. 기억해 내야 할 일이라면 무슨 일이든 즉각 내 머릿속에 분명한 형태로 떠올릴 것이다. 나의 기억력은 날마다 급속도로 좋아져 가고 있다. 이제 머지 않아 나의 기억력은 지금보다 훨씬 좋아질 것이다."

그로부터 약 3주일 후에 그녀의 기억력은 정상적으로 회복되었다.

마음 속의 불안을 극복한 남자의 암시 비결

누구보다도 성격이 급한 사람이나 불쾌한 고민으로 괴로워하고 있는 사람들이 자기 암시에 걸리기 쉽다.

내가 알고 있는 사람 가운데 한 중년 남자는 마음 속 고민으로 늘 불안해 하고 있었는데, 하루에 서너 차례—아침·점심·저녁, 그리고 잠자리에 들기 전에—약 한 달간 다음과 같은 말을 노래하듯이 되풀이함으로써 놀라운 성과를 보았다.

"앞으로 나는 훨씬 상쾌한 기분을 느낄 것이다. 날마다 즐겁고 행복하고 쾌활한 생활을 보내게 될 것이다. 이제야 비로소 나는 정상을 되찾아 가기 시작했다. 하루하루가 지나면서 나는 주위의 모든 사람들로부터 사랑을 받게 되고 이해심 깊은 인간이 되어 간다. 나는 이제부터 내 주위에 있는 모든 사람들에게 있어서 밝은 마음과 선의의 인물이 되고, 그들 역시 나를 닮도록 전염시킬 것이다.

　행복하고 즐겁고 쾌활한 기분으로 나의 정신 상태가 자연스럽게 변모되어 가고 있음에 대해 나는 감사한다.”

암시가 지니는 건설적인 힘과 파괴적인 힘

타자他者 암시의 예와 설명

타자 암시란 다른 사람들로부터 받는 암시를 말한다.

모든 시대를 통하여 암시의 힘은 국적에 관계 없이 사람들의 생활과 사상에 큰 역할을 다하여 왔다.

또 암시의 힘은 세계 어느 곳에서나 종교의 중심적인 힘이 되고 있다.

암시는 자기 자신을 존재케 하고 지배하는 데 이용되지만, 그것은 또한 정신의 법칙을 모르는 타인을 지배하고 명령하는 데도 쓰일 수 있다.

암시가 건설적으로 쓰이게 될 경우, 그것은 참으로 멋진 것이 된다.

그러나 만일 악용될 경우, 그것은 모든 정신 반응 형태 가운데서 가장 파괴력을 지닌 것이 되어 비참·실패·고난·질병·재난 등을 낳게 된다.

실패를 자초하는 언어 암시들에서 벗어나라

우리 대부분이 어릴 때부터 좋지 못한 암시를 받아 오고 있지만, 이를 뿌리치는 방법을 몰랐기 때문에 우리는 그 동안 이를 무의식적으로 받아들였던 것이다.

여기에 몇 가지 예를 들어 보겠다.

"너는 그것을 못 해."

"싹을 보니 사람되기는 아예 글렀어."

"그런 짓을 하면 못써."

"보나마나 안 될 거야."

"그럴 기회가 없었어."

"모두가 다 네 잘못이야."

"그건 절대로 안 돼."

"무엇을 알고 있느냐가 문제가 아니고, 누구를 알고 있느냐가 문제야."

"말세다, 말세!"

"너는 이제 나이가 너무 많아."

"그게 어쨌다는 거니? 누가 알아주지도 않을 게다."

"아무리 노력해 봐도 소용 없어."

"사태는 최악을 치닫고 있어."

"사랑은 나하고 거리가 멀어."

"인생살이란 따분하고 고달파."

"아무리 노력해도 그를 이길 수는 없어."

"너는 얼마 못 가 파산하고 말 거야."

"조심해, 세균에 감염될 테니까."

"사람을 어떻게 믿어?"

만일 어른이 되고 나서도 이를 건설적인 자기 암시로써 재조정하지 않으면, 옛날에 당신에게 심어진 인상 때문에 실패하게 할 행동의 형태가 만들어진다.

또한 이러한 좋지 못한 자기 암시를 그대로 방치해 두면, 당신의 생활 형태를 왜곡되게 하고 좋은 습관의 발달을 방해하게 된다.

따라서 좋지 못한 암시로부터 벗어나려면 무엇보다도 부정적인 언어로부터 해방되어야 한다.

자기 암시로 파괴적인 사고에서 벗어나라

날짜에 관계 없이 신문을 한번 펼쳐 보라. 그러면 그곳에는 실패와 공포, 불안과 근심, 또는 절박한 파국의 씨앗을 뿌리는 듯한 기사가 여기저기 눈에 띌 것이다.

만일 당신이 이러한 기사들을 마음 속 깊이 받아들인다면 삶에 대한 의욕을 상실하게 될지도 모른다.

당신의 잠재의식에 자기 암시를 부여함으로써, 이와 같은 나쁜 암시들을 거절할 수 있다는 사실만 알고 있으면, 당신은 그러한 파괴적인 사고로부터 벗어날 수가 있다.

다른 사람에게서 받은 나쁜 암시를 정기적으로 살펴보자.

당신은 다른 사람에게서 파괴적인 암시의 영향을 받을 필요가 없다.

우리는 누구나 어렸을 때, 또는 청년 시절에 그와 같은 피해를 이미 받아 왔다.

지금 당장에라도 과거를 돌이켜 보자. 부모·친구·친척·스승·동료 등 모두가 당신에게 나쁜 암시를 주는 데 한몫 해 왔음을 알 수 있을 것이다. 그들이 당신에게 한 말을 하나하나 되새겨 보면, 대부분이 당신을 지배하고 당신에게 공포감을 불어넣기 위함이었다는 것을 알 수 있다.

타인에 의해 암시 작용은 어느 가정이나 사회·공장, 또는 모임 등에서 지금도 계속되고 있다.

이와 같은 암시의 대부분은, 암시를 가한 자가 자기의 바람대로 당신이 생각하고 느끼고 행동하도록 하기 위해, 즉 자기가 당신보다 유리해지고자 한다는 것을 깨달을 수 있다.

나쁜 암시는 당신을 죽음으로 몰아갈 수도 있다

타인의 암시에 대한 예를 하나 들어 보겠다.

나의 친척 중 한 사람이 인도에서 수정점水晶占 치는 사람을 찾아갔을 때 그 점쟁이가 이렇게 예언했다.

"당신은 심장이 나빠서 다음 달 초순께 죽을 것이오."

그는 가족에게 이 예언의 내용을 공개하고 유서를 준비했다.

이 강력한 암시는, 즉각 그의 잠재의식 속에 파고들어갔다.

그는 나에게, 그 점쟁이는 정말 신비한 힘을 가지고 있어서 이 세상 사람 누구든지 해롭게 할 수도 있고 이롭게 할 수도 있다고 말했다.

그리고 나서 그는 바로 자기 자신의 죽음의 원인이라는 것을 알지 못한 채 점쟁이의 예언대로 죽어 갔다.

이러한 예는 세상에 무수히 많다.

아마 당신 또한 이 같은 이야기들을 한두 번쯤 들은 적이 있을 것이다.

이것을 잠재의식의 작용에 관한 우리의 지식에 한번 비추어 보자.

우리가 의식하고 사고하는 마음이 일단 믿어 버린 사실은 그것이 어떤 것이든 정직하게 받아들인다. 그리고 받아들여진 대로 행동하게 된다.

점쟁이의 예언을 그대로 믿고 끝내 목숨을 잃게 된 그는 점쟁이를 찾아가기 전까지도 아주 건강하고 활력이 넘쳤었다. 그런데 그 점쟁이는 그에게 지극히 나쁜 암시를 주었고, 그는 그 암시를 곧이곧대로 받아들였던 것이다.

그는 점쟁이를 만나고 온 뒤로부터 공포에 떨었다.

다음 달 초순쯤에 죽게 되리라는 점쟁이의 예언을 끊임없이 마음 속에서 되뇌였던 것이다.

그는 점쟁이의 예언을 주변 사람들에게 이야기하면서 죽음에 대비하였다.

그러한 암시의 작용은 바로 그 자신의 마음 속에서 일어났고, 그 결과 그는 목숨을 잃게 되었다.

그러니까 그가 죽게 된 원인은 자기 자신의 마음 속에 있는 점쟁이에 대한 강한 믿음이었던 것이다.

그는 죽음에 대한 공포와 자신이 죽으리라는 점쟁이의 예언에 따라 자기 자신을 죽음, 즉 육체의 파괴로 몰아넣었던 것이다.

그의 죽음을 예언했던 이 여자 점쟁이에게는 그의 존재가 들판에 뒹구는 하나의 돌멩이나 나뭇가지처럼 아무런 쓸모도 없는 것으로 비쳤던 것이다.

그녀의 암시에는 실상 그를 죽음에 이르게 하는 아무런 힘도 없었다. 그 때 그가 만일 마음의 법칙을 알고 있었더라면, 이런 불행한 일은 일어나지 않았을 것이다. 자기를 지배하는 것은 곧 자기 사신의 사고와 감정이라는 확신만 가졌더라도 그는 얼마든지 점쟁이의 암시를 뿌리칠 수 있었을 것이다.

만일 그러한 확신을 가졌더라면, 그는 점쟁이의 말에 조금도 구애될 필요가 없음을 믿었을 것이고, 조금이라도 그 점쟁이의 예언에 대해 관심을 갖는 것을 거부하였을 것이다. 그러면 그 점쟁이의 예언은 마치 바위에 계란을 부딪히는 것과 같아서 힘을 잃고 그에게 불행을 가져오지 않았을 것이다.

강조하지만, 타인에 의한 암시는 당신이 당신의 사고에 그 힘을 부여하지 않는 한, 당신에게 절대로 어떤 힘도 작용할 수 없다.

그러려면 우선 당신은 마음의 동의를 얻어야 한다. 그리고 그에 대한 사고를 지니고 있어야 한다. 그러면 그것은 곧 당신의 생각이 되고, 당신은 그와 같은 사고에 따라 행동하게 된다.

요컨대, 당신에게는 선택할 수 있는 힘이 있다는 사실을 깨달아야 한다.

삶과 사랑, 그리고 건강을 선택하라.

당신의 생각 속에 대전제를 확립하라

당신의 마음은 마치 삼단논법처럼 작용한다. 당신의 의식하는 마음이 사실이라고 생각하는 대전제는, 그것이 어떤 것이든 마음 속에 있는 구체적인 문제에 있어서 잠재의식의 결론을 좌우하게 된다. 당신의 전제가 올바른 것이라면, 그 결론 역시 올바른 것일 수밖에 없다.

다음의 예를 보자.

모든 미덕은 찬양되어야 한다.
친절 또한 미덕의 하나다.
따라서 친절은 찬양되어야 한다.

또 다른 예를 들어 보겠다.

형태가 있는 모든 사물은 변화하고 이행한다.

이집트의 피라미드는 형태가 있다.

따라서 언젠가는 피라미드 역시 변화하고 이행할 것이다.

첫 문장이 바로 대전제이다. 그리고 올바른 전제에는 필연적으로 올바른 결론이 따르는 법이다.

1962년 5월, 나는 뉴욕에 있는 한 공회당에서 '마음의 과학'에 관한 강연회를 가졌었는데, 그 자리에 참석했던 어느 대학 교수가 내게 이런 말을 했다.

"내 인생은 모두가 제멋대로입니다. 나는 건강을 잃었을 뿐만 아니라 부富도 친구도 잃어버렸지요. 내가 하는 일은 하나에서 열까지 어느 것 하나 제대로 되는 것이 없습니다."

그래서 나는 그 교수에게 다음과 같이 강조하였다.

"당신의 생각 속에 대전제를 확립하십시오."

그런 뒤에 나는 그에게, '잠재의식이라는 무한한 지성이 영적·정신적으로, 또는 물질적으로 인도하고 지시를 내리며 번영되게 하여 준다'고 설명하였다.

그 뒤로부터 그의 잠재의식은 그가 투자할 때와 결정을 내릴 때 자동적으로 분명히 알 수 있도록 그를 인도하고 그의 육체를 치유하였으며, 그의 마음에 평화와 평정을 되찾아 주었다.

그는 자기가 바라는 생활 방식의 전체적인 영상을 머릿속에서 조용히 그려 보았다. 그것은 곧 그의 대전제가 되었던 것이다.

그는 다음과 같이 술회했다.

'내 안에 있는 무한한 지성이 모든 면에 있어서 나를 인도하고 안내해 준다. 완전한 건강이야말로 나의 것이다. 조화의 법칙이 나의 몸과 마음에 작용하고 있다. 이제 아름다움과 사랑과 평화와 부富는 나의 것이다. 올바른 행위와 신적神的 질서의 원리가 나의 전 생애를 지배한다. 나의 대전제가 생명의 영원한 진리에 기초하고 있다는 것을 나는 알고 있다. 또한 나는 내 잠재의식이 의식적인 마음에 의한 사고에 호응한다는 것을 알고 느끼며, 또한 굳게 믿고 있다.'

그는 나에게 다음과 같은 편지를 보내 왔다.

'나는 이와 같은 말을, 그것이 나의 잠재의식으로 서서히 가라앉고 그와 같은 결과가 반드시 일어나리라는 것을 확신하면서 하루에도 여러 번씩 천천히 그리고 조용히 애정을 실어 되풀이하였습니다. 내가 당신을 만날 수 있게 된 것을 깊이 감사하고 있습니다. 그리고 덧붙여 말씀드리고 싶은 것은 내 인생이 지금 모든 면에서 나아지고 있다는 사실입니다. 반드시 효과가 있을 것으로 믿습니다.'

잠재의식 속에 해답이 있음을 인정하라

당신의 잠재의식은 전지 전능하고 모든 문제에 대한 해답을 가지고 있다.

잠재의식은 당신과 논의하지 안을 뿐만 아니라 반박하지도 않는다.

그리고 또 그것은, '그런 것을 나한테 새겨서는 안 된다'는 말은 하지 않는다.

예컨대 당신이 다음과 같이 말할 때 당신은 당신의 잠재의식에 이와 똑같은 부정적인 요소를 심어 놓는 것이 된다.

"나는 이것을 할 수가 없어."

"그걸 하기에는 내가 이미 나이가 너무 먹었어."

"그것을 책임 지고 할 수가 없어."

"나는 날 때부터 그런 팔자를 가지고 태어났어."

"나는 아무런 빽도 없어."

당신이 이렇게 말할 때 당신의 잠재의식은 곧바로 반응을 일으킨다.

당신은 실제로 당신 자신의 이익을 거부하고, 결핍이나 한계·좌절 등을 자기의 생활 속으로 불러들이게 되는 것이다.

당신의 의식하는 마음 속에 장해나 방해, 또는 지체 등을 형성하면, 그것은 당신의 잠재의식 속에 있는 지혜와 지성을 거부하게 된다. 실제로 잠재의식은 당신이 직면하고 있는 문제가 해결될 수 없다는 것을 강조하는 결과가 되기 때문이다.

이렇게 되면, 정신적으로나 감정적으로 혼란이 일어나 노이로제 같은 현상이 일어나기도 한다.

당신이 소원을 실현하고 좌절감으로부터 벗어나기 위해서는 하루에도 몇 번씩 다음과 같이 대담하게 긍정해야 한다.

'내 소망을 성취시켜 주는 무한한 지성은 나를 인도하고 안내하며, 나의 원망願望을 실현하기 위한 완전한 계획을 제시해 준다. 드디어 나의 잠재의식에 내재된 보다 깊은 지혜가 나에게 답을 내려 주기 시작했다는 것을 나는 알고 있다. 그리고 내가 마음 속으로 느끼고 요구하는 것은 외계에 관련된 것이다. 나의 마음은 언제나 침착하며 평정과 균형을 유지하고 있다.'

그런데 당신이 만일 다음과 같이 부정적인 생각을 한다면 그 결과가 어떻게 될까?

'이제는 더 이상 빠져 나갈 구멍이 없다. 이러한 역경 속에서 도저히 빠져 나갈 길이 없다. 내 앞에 어떤 것이 가로막고 있어.'

이처럼 부정적인 생각을 갖게 되면 당신은 당신의 잠재의식에게서 아무런 응답도 받지 못하게 된다.

만일 당신이 잠재의식으로부터 도움을 받고자 한다면 잠재의식에 정당한 요구를 하고 협력을 받아야 한다.

잠재의식은 당신을 위하여 존재한다는 것을 항상 잊지 말아야 한다. 지금 이 순간에도 당신의 잠재의식은 당신의 심장의 박동과 호흡을 통제하고 있다.

잠재의식은 또한 당신의 손가락에 난 상처까지도 치유해 준다.

그것은 언제나 당신을 돌봐 주고 당신을 보호해 주고 있다.

당신의 잠재의식은 당신의 사고나 상상의 형태를 받아들여 준다.

당신이 어떤 문제에 대해 해답을 원할 때 당신의 잠재의식은 응답해 주지만, 그것은 당신이 의식하는 마음 속에서 결정을 내리며, 옳게 판단할 것을 기대하고 있다.

해답은 잠재의식 속에 있는 것을 인정해야 한다.

그러나 만일 당신이 다음과 같이 생각했다고 하자.

"지금부터는 빠져 나갈 구멍은 없다. 더 이상 수습할 수 없을 정도로 혼란스러워. 어째서 나는 이러한 상태로부터 벗어날 수 있는 방법을 알지 못하고 있을까?"

이것은 곧 당신의 기원을 송두리째 날려 버리는 결과가 된다.

마치 전혀 차도를 보이지 않는 환자처럼 당신은 헤어날 길이 없게 된다.

마음의 회전을 정지하라.

마음을 편안히 한 상태에서 천천히, 그리고 조용히 다음을 긍정하도록 하라.

"나의 잠재의식은 분명히 그에 대한 해답을 알고 있다. 그것은 지금도 나에게 해답을 내려 주려고 한다. 나는 이에 대해 마음 속 깊이 감사한다. 왜냐 하면 나의 잠재의식은 그 모든 것을 알고 있으며, 지금 나에게 완전한 해답을 내려 주려 한다는 사실을 알고 있기 때문이다. 나는 질실로 기쁘게 생각한다."

복습

① 좋은 일을 생각하면 반드시 좋은 일이 일어난다.

나쁜 일을 생각하면 반드시 나쁜 일이 일어난다.

당신은 당신이 하루 종일 생각하는 바로 그런 모습이라고 할 수 있다.

② 당신의 잠재의식은 당신과 상의하거나 논의하지 않는다.

당신이 만일, "나는 그럴 만한 여유가 없다"라고 말한다면, 당신은 곧 그 말과 동일하게 될 수 있다. 따라서 결코 이렇게 말해서는 안 된다. 대신에 보다 좋은 생각을 가져라.

"나는 그에 응하겠다. 나는 마음 속에서 이를 받아들인다."

③ 당신에게는 무엇이든 선택할 수 있는 힘이 있다. 우선 당신의 건강과 행복을 선택하도록 하라. 당신은 친절을 선택할 수도 있고, 반대로 불친절을 선택할 수도 있다. 협력·친절·사랑을 선택하면 전 세계가 그에 대해 응답해 준다. 이것이야말로 멋있는 개성을 창조하는 최상의 방법이다.

④ 당신의 의식하는 마음은 무지개와도 같다. 의식하는 마음의 중요한 기능은 그릇된 인상이 들어오지 못하도록 하는 것이다. 앞으로 어떤 좋은 일이 일어날 수 있고, 또한 지금 일어나고 있다는 믿음을 선택하라. 당신에게 내재된 최대의 힘은 바로 선택의 힘이다. 그렇다면 행복과 부富를 선택하도록 하라.

⑤ 타인의 암시나 말에는 당신을 해롭게 할 수 있는 아무런 힘도 없다. 단지 당신 자신의 마음의 작용에 의해 당신 스스로가 해침을 당하는 것뿐이다. 당신은 다른 사람이 하는 말이나 생각을 거절하고, 좋은 것을 긍정하는 마음을 선택할 수 있다. 당신은 자기 반응의 방법을 선택할 힘이 있다.

⑥ 항상 자기가 하는 말에 주의하라. 당신에게 도움이 되지 않는 말은 일체 삼가야 한다.

"나는 실패할 거야. 나는 직장을 잃을 거야. 집세조차 낼 수가 없어."

이러한 불행스런 말은 결코 하지 말아야 한다. 잠재의식에는 농담이 통하지 않는다. 잠재의식에 일단 받아들여진 것은 현실화된다.

⑦ 당신의 마음은 결코 나쁜 것이 아니다. 자연의 힘을 어떻게 이용할 것인가? 그것은 곧 당신에게 달려 있다. 모든 사람을 축복하고 치유하고 고무하는 마음을 가지라.

⑧ "나는 그것을 할 수 없어"란 말은 절대로 하지 말라.

"내 안에 있는 잠재의식의 힘에 의해 나는 무엇이든지 할 수 있다"는 말로 바꾸어 '할 수 없다'는 공포심을 극복하라.

⑨ 영원한 진리와 생명의 원리라는 입장에서 당신의 모든 사고를 출발케 하라. 결코 공포나 무지 또는 미신 등의 입장에서부터 출발해서는 안 된다. 자기를 대신하여 다른 사람이 생각해 주기를 바라서는 안 된다. 자신의 사고를 선택하고 자기 자신의 결단을 내리도록 하라.

⑩ 당신은 당신 자신의 영혼을 이끄는 선장船長이며, 자기 운명의 지배자이다. 자기에게 선택권이 있다는 것을 잊지 말아야 한다. 건강과 행복을 선택하라.

⑪ 당신의 잠재의식은 당신의 의식하는 마음이 진실되게 생각하고 믿는 것이면 무엇이든 받아들이고 실현한다. 행운·신의·인도·올바른 행동, 그리고 인생의 모든 혜택을 믿으라.

03

잠재의식은 세계를
움직이는 힘이 있다

The Power of your subconsious mind

당신의 잠재의식은 놀라운 정도로 굉장한 힘을 가지고 있다. 그것은 당신을 고무하고 인도하여, 당신에게 그 기억의 창고로부터 인명·사실·정경 등을 찾아준다.

당신의 심장을 박동케 하고 혈액의 순환을 통제하며, 소화·동화·배설 등을 조작하는 것이 곧 당신의 잠재의식이다.

당신이 빵을 먹으면 잠재의식은 이를 당신의 몸 조직이나 근육·뼈·혈액 등으로 바꾸어 준다.

이 지구상에 있는 그 어떤 현인의 지능이라도 결코 이러한 잠재의식의 작용에 미칠 수 없다.

잠재의식은 당신 신체의 모든 중요한 작용이나 기능을 제어하고 모든 문제에 대한 해답을 알고 있다.

잠재의식은 결코 잠을 자는 일도, 쉬는 일도 없이 끊임없이 작용한다.

잠자리에 들기 전에 무엇인가 구체적인 일이 달성되도록 잠재의식에 분명히 일러 두면, 당신은 당신의 잠재의식이 얼마나 거대한 힘을 가지고 있는지 알 수 있다. 그것은 가히 기적이라 할 수 있을 것이다. 당신은 자기의 내적인 힘이 표출되고, 기원했던 것이 이루어진 것을 발견하고 기쁨을 느낄 것이다.

이것이야말로 전능자, 즉 지구를 움직이고 별을 궤도에 운행케 하며 태양에 찬란한 빛을 부여하는 힘에 당신을 연결시켜 주는 힘과 지혜의 근원이 있는 것이다.

따라서 잠재의식이야말로 당신의 이상과 야심·이기심 등의 근원인 것이다. 셰익스피어가 동시대의 보통 사람들에게는 보이지 않던 위대한 진리를 발견할 수 있었던 것도 이 잠재의식의 힘에 의해서였다. 그리고 그리스의 조각가 피데아로 하여금 대리석 블론드에 아름다움과 질서, 균형과 조화를 만들게 한 것도, 이탈리아의 화가 라파엘로가 마돈나의 그림을 그린 것도, 그리고 베토벤이 교향악을 작곡할 수 있었던 것도 역시 이 잠재의식의 힘에 의해서였다.

1955년, 나는 인도의 리시케시에 있는 요가 프레스르 대학에서 강연을 한 적이 있는데, 강연이 끝난 후 봄베이에서 어느 외과 의사와 이야기를 나누게 되었다. 그때 그는 나에게 제임스 에스딜이라는 스코틀랜드 의사의 이야기를 들려주었다.

그는 에틸에테르나와 그 외 근대적 마취술이 아직 발견되기 전에 방갈로르에서 의업에 종사하고 있었다.

1843년부터 46년에 걸쳐 그는 눈을 비롯한 이비인후의 수술 외에 사지 절단, 종양이나 암의 적출 수술 등, 약 400여 회에 이르는 대수술을 경험하였다. 모든 수술은 정신적 마취에 의해 진행되었다.

에스딜 의사로부터 수술을 받은 환자들은 성과가 좋았다. 수술 후의 사망률은 지극히 낮은 2~3퍼센트에 불과했고, 환자들은 거의 통증을 느끼지 않았다고 한다. 그리고 수술받는 중에 사망한 사람은 한 명도 없었다.

에스딜 의사는 자기의 환자들을 수술할 때 모두 최면 상태에 이르게 하고, 그들의 잠재의식에 감염이나 부패 현상은 결코 일어나지 않는다고 암시했다.

이것은 루이 파스퇴르나 조셉 리스터, 또는 그 외 의학자들이 '박테리아에 의한 질병이나 감염의 원인은 살균되지 않은 기구나 세균에 의한 것' 이라는 것을 지적하기 이전의 일이었다는 점에서 괄목할 만하다.

대수술시의 사망률이 극히 낮았고, 일반적으로 감염 현상이 드물었으며, 설사 있다 하더라도 최소한으로 억제되었던 것이다. 그것은 의심할 것도 없이 에스딜 의사가 시행한 잠재의식에 대한 암시의 힘이었던 것이다. 이는, '환자는 그의 암시의 성질에 따라 반응을 일으킨다'는 결론이 된다.

지금부터 120여 년 전에 일개 외과 의사에 불과한 그가 잠재의식의 기적을 일으킬 수 있는 힘을 발견하였다는 것은 그야말로 신비로운 일이 아닐 수 없다.

잠시 자기 잠재의식의 초자연적인 힘을 생각한다면 당신은 일종의 신비감에 사로잡히지나 않을까?

투지력이나 통찰력, 시간과 공간으로부터의 초월, 모든 고통으로부터의 해방력, 그리고 어떤 어려운 문제라도 해결할 수 있는 힘 등등, 잠재의식이 갖고 있는 초감각적인 감지력을 한 번 생각해 보라.

당신의 내부에는 당신의 지식을 훨씬 초월하는 그 어떤 힘과 지성이 있어서, 위에서 든 실례 외에도 당신이 불가사의하게 느끼는 예는 얼마든지 있다.

이와 같은 모든 경험을 통해서 당신은 기적을 일으키는 잠재의식의 힘을 발휘하고 이를 믿게 될 것이다.

생각하는 것은 곧 체험이 된다

당신이 자기의 잠재의식에 사랑·신념·의견·이론·교의 등 그 어떤 것을 써 넣거나 새겨 넣더라도 당신은 환경·상태·사건 등 객관적인 현상으로 체험하게 될 것이다. 즉, 당신의 내부에 각인시킨 것을 외부, 즉 생활에서 체험하게 된다.

당신의 생명에는 두 가지 측면이 있다. 객관적인 면과 주관적인 면이 그것이다. 즉, 보이는 면과 보이지 않는 면, 그리고 사고와 그 사고의 실현, 바로 이 두 가지 면이다.

당신의 생각을 받아들이는 것은 의식하고 사고하는 마음의 기관이 있는 두뇌이다. 의식하는 마음, 즉 객관적인 마음이 사고를 받아들이면 태양신경총太陽神經叢에 보내지게 되고, 여기서 살이 되어 체험이라는 형태로 모습을 드러낸다.

앞에서 말했듯이 잠재의식은 논의하거나 상의할 수가 없다. 잠재의식은 단지 당신이 마음 속에 새겨 넣은 것에 의해 작용할 뿐이다. 그것은 당신의 판단, 즉 의식하는 마음의 결론을 최종적으로 받아들인다. 따라서 당신이 생각하는 것은 곧 당신의 체험이 된다.

미국의 수필가 랄프 왈도 에머슨은 다음과 같이 정의하고 있다.

"사람이란, 온종일 자기가 생각하는 바 바로 그것이다."

잠재의식에 풍부한 양분을 주입시키라

"인간의 잠재의식 속에는 세계를 움직이는 힘이 있다."

이는 미국 심리학의 아버지인 윌리엄 제임스의 말이다.

당신의 잠재의식은 무한한 지성, 또는 지혜와 같다. 당신의 잠재의식은 어느 숨겨진 샘으로부터 자양분을 공급받고 있는데, 이를 생명의 법칙이라 부른다.

당신이 일단 잠재의식에 심어 놓은 것은 무엇이든 받아들여 천지를 움직여서라도 기필코 실현시키고 만다.

따라서 당신은 반드시 올바른 생각과 적극적인 사상을 당신의 잠재의식에 새겨 넣어야만 한다.

이 세상에서 비참한 일과 혼란이 판을 치는 것은, 세상 사람들이 의식하는 마음과 잠재의식의 상호 작용을 이해하지 못하기 때문이다.

이 두 원리가 서로 일치하고 조화를 이뤄 평화로이 작용케 할 수만 있다면 당신은 건강과 행복, 그리고 평화와 기쁨을 누릴 수 있다. 그리고 이 세상에는 질병이나 쟁의가 있을 수 없다.

헬메스의 무덤이 큰 기대와 경이감 속에서 파헤쳐진 것은 사람들이 그 속에 영원한 신비가 담겨져 있다는 것을 믿었기 때문이다.

그 비밀이란, '안팎이 같게', '위아래가 같게'라는 것이었다.

이를 다시 표현한다면, 당신의 잠재의식에 새겨진 모든 것은 공간이라는 영사막 위에 표현된다는 것이다.

모세도 그러했고, 이삭도 그러했다.

또한 그리스도도 그러했고, 석가도 그러했으며, 조로아스터가 그러했고, 노자가 그러했다.

모든 시대에 걸쳐서 깨달음을 얻은 예언자들은 모두 위와 같은 진리를 이야기하고 있다.

주관적으로 사실이라고 생각되는 것들은 모두 어떠한 상태·체험·사건을 통해서 반드시 표현되고야 만다.

외적인 움직임과 내적인 움직임은 균형이 잡혀 있어야 한다. 즉, 하늘에서와 같이 당신의 마음 땅에서도 당신의 육체와 환경 또한 같다. 이것이 곧 생명의 대법칙이다.

대자연에는 어느 곳에서나 작용과 반작용의 법칙이 발견된다. 이 두 가지 작용은 서로 균형을 이루어야만 한다. 거기서부터 조화와 균형이 나오기 때문이다.

당신이 이 세상에 태어나 존재하는 것은 생명의 원리가 율동적·조화적으로 흐를 수 있게 하기 위해서이다.

들어오는 것과 나가는 것이 동일하고, 각인과 표출이 동일해야만 한다.

좌절이란 소망이 이룩되지 못함을 뜻한다.

부정적이고 파괴적인 생각은 파괴적인 감정을 낳게 되고, 반드시 출구를 통해 실생활에 표출되게 된다.

이와 같은 부정적인 감정은 간간이 위궤양·심장병·긴장감·불안감 등의 형태로 표출되기도 한다.

당신은 지금 자신을 어떻게 생각하고 느끼는가?

지금 당신에게 존재하는 모든 부분이 당신의 생각을 그대로 표현하고 있는 셈이다. 당신의 활력·육체·경제 상태·친구·사회적 지위 등 그 모두가 당신이 자기 자신을 어떻게 생각하고 있는가를 완전한 투영으로 나타난다. 이것이야말로 당신의 잠재의식에 새겨지고, 당신의 모든 생활에 나타나는 것에 대한 참된 의미이다.

우리는 각자 갖고 있는 부정적인 사고로 말미암아 스스로에게 해를 입히고 있다.

당신은 화를 내고 두려워하고 질투하고 원망함으로써 자신에게 상처를 입힌 적이 있는가? 이러한 것들은 모두 당신의 잠재의식 속에 새겨져 독소가 된다. 처음부터 당신이 이와 같은 부정적인 태도를 가지고 태어났던 것은 아니다.

당신의 잠재의식에 활기찬 생명을 부여한다는 생각으로 풍부한 양분을 주입시키라. 그러면 그 동안 잠재의식 속에 흘러들어간 부정적인 것들을 모두 없앨 수 있다.

그리고 이처럼 계속 되풀이하면, 과거의 부정적인 생각들은 모두 깨끗이 씻겨지고 더 이상 부정적인 생각을 할 필요가 없게 된다.

잠재의식은 악성 피부병도 고친다

실제적인 치유 중에서 잠재의식의 치유가 최대의 힘을 발휘함은 항상 변함이 없다.

약 40여 년 전에 나는 기도로 악성 피부병을 고친 적이 있다. 의사는 그 피부병을 고칠 수가 없었다. 아니, 고치기는커녕 한층 악화되어 가고 있었다.

그때 심리학에 조예가 깊은 목사가 나에게 〈시편〉 중에 나오는 성경 말씀을 인용하며 거기에 담긴 깊은 뜻을 설명해 주었다.

"그대의 기록 중에는 끊임없이 만들어지는 우리의 모든 것이 기록되어 있다. 설사 그 중의 어느 하나도 남아 있지 않을 때에도……."

이것은 눈에 보이지 않는 세포로부터 나의 모든 기관을 형성한 잠재의식을 말하는 것이라고 설명한 뒤, 내 육체를 만든 나의 잠재의식은 내적인 형태를 뜯어 맞추어 새로운 육체를 만들거나 수정할 수도 있다고 말해 주었다.

그리고 그는 나에게 자기 시계를 보여 주면서 이렇게 말했다.

"이 시계를 만든 사람은 시계가 이런 형태를 띠기 이전에 우선 마음 속으로 시계의 부속품이며 외형 등을 그렸을 것입니다. 따라서 이 시계가 고장 나면 이 시계를 만든 사람은 그 누구보다도 쉽게 고칠 수가 있지요. 나의 육체를 만든 잠재의식도 이 시계를 만든 사람과 같습니다."

이와 마찬가지로 잠재의식 역시 내 육체의 주요 기능이나 작용을 모두 정상화시키고 지시하는 방법을 정확히 알고 있다.

또 내 잠재의식에 '완전히 건강하다'는 사고를 일깨워야 한다고 그는 말했다. 즉, 완전히 건강하다는 사고가 하나의 원인으로 작용하면 그 결과가 치유로서 나타난다는 것이다.

나는 다음과 같이 간단하게 기도를 했다.

"나의 육체와 모든 기관은 내 잠재의식 속에 있는 무한한 지성에 의해 만들어졌다. 따라서 그것은 병든 나를 어떻게 고칠 것인가를 알고 있다. 잠재의식의 지혜가 나의 기관과 조직과 근육과 뼈 등을 만들었다. 내 안에 존재하는 이 무한한 지성이 이제 나의 모든 원자를 바꾸어 병든 몸을 완쾌시켜 주고 있다. 지금도 그 지성에 의해 계속적으로 치료가 진행되고 있다는 것을 나는 알고 있다. 그에 대하여 감사한다. 내 안에 존재하는 창조적 지성의 작용이야말로 얼마나 아름다운 힘인가!"

나는 이렇게 하루에 두세 번씩 약 5분 동안 소리 내어 되풀이 기도했다. 그 결과 나를 괴롭히던 피부병은 9개월 뒤에 씻은 듯이 나았다.

그때 내가 한 일은 단지 건강하고 아름답고 완전한 생명에 대한 깊은 신념을 잠재의식에 새겨 주었고, 나의 모든 괴로움이 원인이었던 부정적인 상상이나 사고를 없애는 것뿐이었다.

그러나 정신적인 건강이 마음 속에 존재하지 않는 한 육체에는 아무런 변화도 일어나지 않는다. 따라서 긍정적인 사고가 충만할 때 마음이 건강해지고, 이에 따라 육체도 건강하게 되는 것이다.

이는 모든 치유의 근본이 된다.

잠재의식은 육체의 모든 기관을 주관한다

당신이 깊은 잠에 빠져 있든 그렇지 않든, 잠재의식은 피로를 모르고 끊임없이 활동함으로써 의식하는 마음의 도움 없이 당신 육체의 모든 중요 기능을 조절한다.

당신이 잠을 자는 순간에도 당신의 심장은 박동을 계속하고, 폐 또한 끊임없이 작용하여 혈액에 신선한 공기를 흡수시킨다. 호흡 작용 또한 당신이 깨어 있을 때와 마찬가지로 진행된다.

잠재의식은 소화 작용이나 그 외 당신의 육체가 지니는 불가사의한 작용을 주관한다. 당신이 잠을 자고 있든 깨어 있든 당신의 머리카락은 쉬지 않고 계속 자라난다.

과학자들에 의하면, 깨어 있을 때보다 잠들어 있는 동안 인간의 피부는 더욱 많은 땀을 분비한다고 한다.

눈이나 귀 등, 그 밖의 감각 기관 역시 자고 있는 동안에도 계속 활동한다.

많은 위대한 과학자들은 수면에 빠져 있는 동안 어려운 문제에 대한 해답을 얻는 경우가 많다고 한다. 그들은 꿈 속에서 해답을 찾는 것이다.

당신의 의식하는 마음이 심장이나 폐의 정상적인 리듬, 또는 위나 장 기능에 대하여 간섭하는 일이 흔히 있는데, 이는 당신의 의식하는 마음 속에 있는 근심과 불안, 공포와 우울 등에 의해 나타난다.

이와 같은 사고는 잠재의식의 조화로운 작용을 방해한다. 마음이 흐트러졌을 때엔 무엇보다도 마음을 편히 가지고 긴장을 풀며, 사고 작용이라는 바퀴의 회전을 쉬게 하는 것이 가장 현명한 방법이다. 이는 당신의 잠재의식에 이야기를 걸고, 평화롭고 조화 있게 신의 질서에 따르도록 명령하는 것이 된다. 그러면 육체의 모든 기능은 다시 정상을 회복하게 된다.

권위와 확신을 가지고 당신의 잠재의식에 이야기하도록 하라. 그러면 당신의 잠재의식은 당신의 명령을 받아들일 것이다.

당신의 잠재의식은 지금 이 순간에도 당신의 생명을 지키고 건강을 회복하기 위하여 노력하고 있다. 그것은 당신이 당신의 아기를 돌보는 것과도 같은 모습이다.

그것은 모든 생물이 생명을 유지하려는 본능적인 욕구를 나타내는 하나의 예일 수도 있다.

당신이 상한 음식을 먹었다고 가정하자.

이때 당신의 잠재의식은 당신으로 하여금 먹은 음식을 토해 내도록 한다. 당신이 자신도 모르게 독약을 먹었다면, 당신의 잠재의식은 곧 이를 중화하기 위한 작용을 시작한다.

만일 당신이 나처럼 기적을 일으키는 힘을 믿고 당신의 몸을 완전히 잠재의식에 맡긴다면 완전한 건강을 되찾을 수 있을 것이다.

잠재의식이 몸 안에 흘러들기를 기원하라

우선 먼저 알아두어야 할 것은 당신의 잠재의식에는 휴식이 없다는 사실이다. 당신의 잠재의식에 작용을 가하든 가하지 않든 그것은 밤낮 없이 계속 활동한다.

당신의 잠재의식은 당신의 육체를 만들었지만 의식적으로 그 잠재의식에 내재되어 있는 조용한 활동을 보고 들을 수는 없다. 당신이 관여할 수 있는 것은 의식하는 마음이지 잠재의식이 아니기 때문이다.

최선의 결과를 기대하면서 당신의 의식하는 마음이 바쁘게 활동할 수 있도록 내버려 두라. 그리고 당신의 생각을 사랑과 진실과 옳은 것에 바탕을 두도록 하라. 잠재의식은 언제나 자신이 행하는 습관적인 사고에 따라 표현하고 재현하고 현실에 나타나는 것임을 확실히 믿고, 지금부터 의식하는 마음에 주의하라.

당신 속에 내재하는 생명의 원리는 당신이 사고하는 형태대로 당신의 체내로 흘러든다.

따라서 당신의 잠재의식이 조화와 건강과 기쁨 등의 형태로 당신의 몸 안에 흘러들기를 기원하라. 그리고 그것을 살아 있는 지성이며 사랑의 반려자로 생각하라. 그것은 끊임없이 당신의 몸 안을 흘러 가면서 당신에게 활력을 주고, 고무시켜 성공으로 이끌어 준다는 것을 확신하라.

믿는 대로 원하는 것이 이루어진다

프랑스의 비르 부인에 관한 유명한 이야기를 소개한다.

이것은 프랑스의 루드 의학 조사소에 남아 있는 기록이다.

비르 부인은 시신경이 위축된 시각 장애인이었는데, 루드남프랑스의 순례지: 이곳은 100년 전에 성모 마리아가 나타나 네데타라는 소녀에게 많은 기적을 베풀었던 곳이다. 너무나도 기적을 많이 일으켜 이를 조사하기 위한 의학 기관까지 세워져 있다를 방문하여 기적적인 치료를 받았다.

루스 카슨이라는 목사의 부인이 그곳에서 일어났던 기적을 조사한 뒤 한 잡지에 그 결과를 기고했는데, 그녀는 비르 부인에 대하여 이렇게 말하고 있다.

"몇 명의 의사가 검사에 검사를 거듭하고 나서 증언한 바에 따르면, 비르 부인은 완전히 죽어 있던 시신경을 되찾았다고 한다. 도무지 믿기지 않는 일이지만, 그 부인은 루드에서 시력을 되찾았다. 치료를 받기 시작한 지 1개월 후에 다시 한 번 검사를 받았는데, 시각 기능이 정상으로 돌아와 있다는 것을 알았던 것이다. 그러나 분명한 것은, 그녀가 처음에는 완전히 시신경이 죽은 눈을 가지고 있었다는 점이다."

나도 그 루드의 동굴을 몇 번 방문한 적이 있었는데 그때마다 몇 가지 치유의 예를 목격하곤 했다. 그리고 다음 장에서 설명하겠지만, 기독교의 기도원을 비롯한 세계의 수많은 영적靈的 장소에서 완쾌의 기적이 일어나고 있음이 사실이다.

지금 예로 든 비르 부인의 죽은 시신경은 루드에 있는 물로 완쾌되었을 뿐만 아니라, 그녀의 신앙에 그녀 자신의 잠재의식이 응답을 내려 주어 시신경이 정상적으로 살아났던 것이다. 그녀의 잠재의식에 내재되어 있는 치유의 원리가 그녀의 사고에 응답해 주었던 것이다. 신념은 잠재의식 속에 내재하는 사상인 것이다.

이는 어떤 사실을 진실로써 받아들이는 것을 의미한다. 한번 받아들여진 생각은 자동적으로 실현한다.

비르 부인은 자기의 시신경이 틀림없이 정상적으로 살아날 수 있으리라 확신을 갖고 있었으며, 보다 큰 기대와 신념을 가지고 그곳에 나갔을 것임이 틀림없다. 그 결과, 그녀의 잠재의식은 이에 응답해 주었고.

눈을 만들었던 잠재의식이 죽은 시신경을 다시 살리는 정도는 아무것도 아니다. 자기가 창조한 것을 또 한번 창조할 수 있는 것이 창조의 원리인 것이다.

다시 강조하지만, 당신이 믿는 대로 원하는 바가 이루어지는 것이다.

잠재의식에 건강을 주입시키는 방법

남아프리카 요하네스버그에 사는 한 교회의 목사님이 '완전한 건강'이라는 생각을 자기의 잠재의식에 주입하기 위해 이용했던 방법을 내게 가르쳐 준 적이 있는데, 그는 한때 의사로부터 폐암이라는 진단을 받은 일이 있었다.

그는 자기가 이용했던 방법을 다음과 같은 내용으로 내게 편지를 보내 왔다.

나는 하루에도 몇 번씩 정신적·육체적으로 편한 자세를 취하기 위해 노력했습니다. '나의 손과 발은 편한 상태에 있다. 나의 심장과 폐 역시 편안하다. 나의 머리 속도 편한 상태에 있다. 나의 모든 존재는 완전히 편한 상태에 놓여 있다.' 이렇게 되풀이하고 나서 약 5분 정도 지나면 가수면 상태에 이르게 됩니다.

목사의 편지는 계속되었다.

　　그런 다음에 나는 다음과 같은 진리를 긍정했습니다. '이제 하느님의 완
　전성이 나를 통하여 표현되려 하고 있다. 이제 완전한 건강이라는 생각이
　나의 잠재의식 속에 가득 차 있다. 하느님이 나에 대해 지니는 이미지는 완
　전한 것이다. 따라서 나의 잠재의식은 하느님의 마음 가운데 있는 완전한
　이미지와 가깝게 호응하여 나의 육체를 재창조하는 것이다.'

　그 결과, 목사는 놀라운 효과를 보았다.

　이것이야말로 잠재의식에 대하여 완전한 건강을 주입하는 간단한 방법인
것이다.

　잠재의식에 건강이라는 생각을 주입시키기 위한 또 하나의 방법은, 훈련
된 과학적인 상상력에 의한 것이다.

　전신 마비에 걸려 있는 사람에게 나는 이렇게 권했다.

　"당신의 마음 속으로, 회사 안을 힘차게 거닐고, 책상을 움직이고, 전화
를 받는 등 마비가 안 되었으면 당신이 흔히 할 수 있는 모습들을 생생하
게 그려 보도록 하시오. 그러면 곧 당신의 잠재의식이 이를 받아들여 줄 것
입니다."

　그는 나의 지시를 충실히 이행했다. 실제로 그는 자기가 회사에 출근하
여 일을 하고 있는 것처럼 생각했다.

　그는 자기의 잠재의식이 확실하게 작용할 수 있는 대상을 부여하고 있다
는 것을 깨달았다. 그의 잠재의식은 마치 사진이 들어 있는 필름과 같았던
것이다.

　이처럼 자신의 마음 속에 어떤 사실을 그리고 난 수주일 후의 어느 날이

었다. 그의 아내와 간호사가 외출하고 없을 때 미리 약속되어 있던 전화가 걸려 왔다. 전화벨이 계속해서 울렸다. 그 전화기는 그가 누워 있는 위치에서 약 12피트쯤 떨어져 있었다. 이때 그가 몸을 움직여 전화를 받았다.

그 순간부터 그는 전신 마비라는 고질병으로부터 해방되었다. 잠재의식의 무한한 힘이 그가 항상 마음 속에 그리고 있던 일을 이루어 주었던 것이다.

그 동안 이 환자의 마음 속에게는 늘 '나는 걸을 수 없는 사람이다.'라는 장해가 있었고, 그와 같은 두뇌의 충동이 언제나 다리 끝까지 미치고 있었던 것이다.

그가 주의력을 자기 내부에 있는 치유력으로 옮겼을 때, 그 집중된 힘이 그의 주의력의 작용으로 흐르기 시작하였고, 그 결과 그로 하여금 걸을 수 있게 하였던 것이다.

"너희가 기도할 때에 무엇이든지 믿고 구하는 것은 다 받으리라."

〈마태복음〉 제21장 22절

기억에 대한 사고

① 잠재의식은 당신의 육체에 있는 모든 중요한 작용을 관장하며, 모든 문제에 대한 해답을 가지고 있다.

② 잠자리에 들기 전에 당신의 잠재의식에 특정한 요구를 부여하라. 자기 자신에 대하여 기적을 일으키는 힘을 증명하도록 하라.

③ 당신이 잠재의식에 새기는 모든 것은 상태와 경험, 그리고 사건으로서 공간이라는 영사막 위에 나타난다. 당신의 의식하는 마음이 갖고 있는 생각이나 사상을 모두 주의 깊게 감시하라.

④ 작용과 반작용의 법칙은 보편적인 것이다. 당신이 생각하는 것은 작용이다. 그리고 그와 같은 생각에 대한 잠재의식의 자동적인 호응을 반작용이라 한다. 늘 자기가 생각하는 것에 대해 주의하라.

⑤ 모든 좌절은 자신의 소원이 이루어지지 못하는 데서 비롯된다. 만일 당신이 마음 속으로 계속 장해나 지연, 또는 곤란 등에 대해 생각하게 되면, 당신의 잠재의식은 이에 반응을 일으키게 된다. 따라서 이는 결국 자기 스스로가 자기의 이익을 거부하는 것이 된다.

⑥ '나에게 이와 같은 소망을 이루어 준 잠재의식은 이제 나를 통하여 이를 실현시켜 준다고 나는 확신한다.' 이와 같이 의식하고 긍정하면, 생명의 원리는 당신을 통하여 율동적으로 조화 있게 흘러가기 시작한다.

⑦ 근심이나 불안, 또는 공포 등은 심장이나 폐, 그리고 그 외 모든 기관의 정상적인 활동에 관여할 수가 있다. 따라서 당신의 잠재의식에 대하여 조화와 건강, 그리고 평화 등에 관한 사고를 주입하라. 그러면 당신의 육체에 분포된 모든 기능이 정상화하게 된다.

⑧ 언제나 당신의 의식하는 마음을 최선의 기대로 가득 차게 하라. 그러면 당신의 잠재의식은 당신이 습관적으로 생각하고 있는 모든 것을 충실히 재현시켜 줄 것이다.

⑨ 당신이 지닌 여러 가지 문제가 행복에 이르고 멋있게 해결되는 장면을 마음 속에 그리도록 하라. 그리고 모든 것이 달성되었을 때의 흐뭇한 기분을 만끽하라. 그러면 당신이 상상하고 느끼는 것들 모두가 즉각 당신의 의식에 받아들여져 실현될 것이다.

04

신념이라는 씨앗을
마음밭에 뿌려라

The Power of your subconsious mind

오랜 옛날부터 사람들은 본능적으로 인체의 기능이나 지각을 정상화할 수 있는 치유력이 세상 어딘가에 존재할 것이라고 믿어 왔다. 이 불가사의한 힘이 어떤 조건하에서 일깨워져 인간의 고통을 덜어 준다고 믿어 왔던 것이다. 어느 나라의 역사를 보나 이와 같은 신념을 뒷받침할 만한 충분한 증거가 있다.

인류 역사가 시작된 초기에는, 인간에게 어떤 비밀스런 영향을 미쳐서 이익 또는 손해를 주는 그 힘은 사제司祭와 같은 성스러운 사람들이 가지고 있는 것으로 믿었다.

여기에는 병자를 치료하는 힘도 포함된다.

그들이 환자를 낫게 할 수 있는 것은 그들이 하느님으로부터 부여받은 힘에 의해서라고 믿어 왔고, 그 치유 방법이나 경과는 나라마다 천차만별이었다.

환자를 치료하는 방법은 갖가지 의식, 즉 안수라든가 하느님에 대한 주문,

마스코트·부적·반지·성물聖物·어상御像 등에 의해 하느님에 대한 호소 형식으로 진행되었다.

예를 들면, 고대 사원의 사제들은 환자에게 수면제를 먹여 환자가 잠들려고 할 때 최면의 힘을 이용하였다. 즉, 그가 잠들어 있는 사이에 하느님이 찾아와 병을 낫게 하여 준다고 믿게 한 것이다.

많은 사람들이 이와 같은 치료를 받고 건강을 회복하였는데, 이는 두말할 것도 없이 잠재의식의 암시 작용에 의한 것이었다.

헤카테여신으로서 천지와 지하 세계를 다스린다는 마술의 신 신자들의 경우, 잠들기 전에 이상하고 기괴한 지시에 따라 헤카테 여신에 대한 기도를 종용받았다. 즉, 그들은 수면 중에 이 여신을 볼 수 있었던 것이다. 그 신자들은 초승달이 빛나는 야외에서 도마뱀을 잡아 송진과 유황과 몰약沒藥을 섞은 야릇한 점액 속에 넣고 마구 으깨도록 지시를 받았다. 이처럼 너무 기괴하고도 끔찍한 절차를 거치게 되면, 대개의 경우 치유 현상이 일어났다고 전해진다.

이상에서 예로 든 기괴한 절차는 인간의 상상력에 대하여 강렬한 호소력을 지님으로써 그들의 잠재의식에 쉽게 암시를 새길 수 있는 것이다.

사실, 이와 같은 치유는 피술자의 잠재의식이 바로 치유자가 되고 있는 것이다.

어느 시대에나 정규적 의술이 실패했을 경우, 공인이 안 된 치료사들이 눈부신 성과를 올려 왔는데, 이는 충분히 생각해 볼 만한 가치가 있다.

그러면 어떤 이유로 이와 같은 공인되지 않은 치료사들이 세계 곳곳에서 놀라울 정도의 치유 효과를 올리고 있는 것일까?

해답은 간단하다. 이와 같은 모든 치료 효과는 병자 각자의 맹신에 의하여 잠재의식 속에 숨겨진 치유력의 해방으로 말미암은 것이다.

그때 쓰이는 약이나 치료법은 지극히 기묘하고 유치한 것이지만, 이것이 곧 환자의 상상력에 시동을 걸고, 그로써 감정의 흥분 상태를 불러일으키는 것이다.

이러한 심리 상태에 있을 때는 건강에 대한 암시를 받아들이는 게 효과적이다. 그러면 그것이 병자의 의식하는 마음과 잠재의식에 받아들여지는 것이다.

이 문제에 대해서는 다음 장에서 상세히 다루기로 하겠다.

잠재의식의 이용에 대한 성경의 구절

"어떤 일이든 기도하여 구하면 남김없이 얻을 수 있다고 믿도록 하라. 그러면 너희들도 반드시 원하는 것을 손에 넣을 수 있으리라."

이러한 영감을 받은 기술사記術士:성 말라기가 말하는 것은 우리의 소망이 이미 달성되고 충만되어 있음을 의미한다. 또한 우리의 소망이 이미 모두 이루어졌다고 믿고 이를 진실로 받아들이면, 장차 그 소망은 반드시 이루어진다는 것을 지적하고 있다.

이러한 방법이 성공하느냐 못 하느냐는, 상상이나 사고 또는 사상 등이 이미 마음 속에 하나의 사실이 되어 있음을 자신 있게 확신할 수 있느냐 없느냐에 따라 결정된다. 마음의 영역 가운데 어떤 실체를 지니기 위해서는 그것이 실제로 그곳에 존재하는 것으로 생각해야만 된다.

여기에서는, 당신이 원하는 어느 특정물을 잠재의식에 새김으로써 그 사고가 지니고 있는 창조적인 힘을 이용하는 간단하고도 특별한 효력이 있는 방법을 간결한 언어로 서술하고 있다.

사상이나 사고, 혹은 계획이나 목적 등은 그 자체의 영역에 있어서는 손이나 심장 등과 마찬가지로 현실적인 것이 된다.

성경에 있는 방법을 이용하면, 자신이 부딪친 곤란한 상태나 환경 등에 대해서는 생각하지 않게 된다. 당신은 당신 자신의 마음 속에 씨앗思考을 뿌리고 있는 것이며, 어떤 방해가 없는 한, 틀림없이 새싹이 돋아나 외적인 실현을 보게 된다. 예수가 주장한 제1 조건은 신앙이었다. 우리가 성경을 읽을 때마다 다음과 같은 구절들을 수없이 만나게 된다.

"믿는 대로 이루어지리라."

땅에다 어떠한 종류의 씨앗을 뿌리게 되면 그와 같은 종류의 식물이 돋아난다는 사실을 당신은 믿고 있다. 씨앗이란 본래 그런 것이므로, 당신은 성장과 농업의 법칙을 믿고 뿌린 대로 그 씨앗과 같은 종류의 식물이 돋아난다는 것을 알고 있기 때문이다.

성경에서 강조하는 '신앙'이란, 한 가지 사고 방식과 한 가지 마음 자세, 그리고 내적 확신 등을 '의식하는 마음'에 충분히 받아들일 때 '잠재의식' 속에서 구체화되고 하나의 형태로써 표출된다는 사실을 앎으로써 우러나게 된다.

어떤 의미에서 신앙이란, 이성이나 오감이 부정하는 것을 진리로 받아들이는 일, 즉 합리적이고 분석적인 '의식하는 마음'을 몰아내고 완전히 잠재의식의 내적인 힘에 의지해 버리는 태도를 말한다.

성경의 〈마태복음〉 제9장 28~30절에 고전적인 방법의 예가 있다.

"예수께서 거기서 떠나실새 두 소경이 따라오며 소리 질러 가로되, '다윗의 자손이여, 우리를 불쌍히 여기소서' 하더니 예수께서 집에 들어가시매 소경들이 나아오거늘 예수께서 이르시되, '내가 능히 이 일 할 줄을 믿느냐?' 대답하여, '주여 그러하오이다' 하니, 이에 예수께서 저희 눈을 만지시며 가라사대, '너희 믿음대로 되라' 하신대 그 눈들이 밝아진지라, 예수께서 엄히 경계하시되, '삼가 아무에게도 알게 하지 말라' 하셨으나……."

'너희 믿음대로 되리라.'

이 구절을 보면, 그리스도가 실제로 맹인들의 잠재의식이 그 자신들에게 협력하기를 호소하고 있음을 알 수 있다.

그들의 신앙이란 무엇인가? 그것은 바로 기적적인 일이 일어나 자기들의 소원이 이루어지리라는 커다란 기대와 내적인 느낌, 그리고 내적인 확신이었는데, 실제로 그것이 이루어진 것이다.

이것은 옛날부터 있어 온 치유 방법으로서, 종교에 관계 없이 세계 치료 그룹들에 의해 흔히 이용되고 있다.

"삼가 아무에게도 알게 하지 말라."

예수는 이러한 말로써, 이제 막 치유된 환자가 자기의 병이 낫게 된 경위에 대하여 이러니저러니 말하며 신경 쓰지 않도록 하고 있다. 그 이유는, 그를 믿지 않는 사람들이 그 말에 회의적이거나 경멸적인 비판을 가할지도 모르기 때문이다. 병자가 그러한 비판을 마음 속으로 믿고 받아들이게 되면, 공포와 의혹, 또는 불안 등이 잠재의식 속에 새겨져 나쁜 영향을 줄 것은 뻔한 이치이다.

"다 놀라 서로 말하여 가로되, '이 어떠한 말씀인고? 권세와 능력으로 더러운 귀신을 명하매 나가는도다' 하더라."

〈누가복음〉 제4장 36절

병자들이 예수를 찾아와 치유받기를 원하고 그 병이 낫게 된 것은 그들의 신앙과 예수의 신앙, 그리고 잠재의식이 지니는 완쾌력에 대한 믿음이 함께 작용했기 때문이다.

예수는 자기가 명령한 것들은 모두 진리라고 마음 속으로 느끼고 있었다. 그와 그에게 도움을 청하는 모든 사람과는 하나의 보편적·주관적인 정신 속에 있었고, 또한 완쾌력에 대한 그의 내적인 지식과 확신은 환자의 잠재의식 속에 있는 부정적이며 파괴적인 형상을 바꾸어 버렸다.

그 결과로써 나타나는 것은 내적인 마음의 변화에 대한 자동적인 반응이었다. 예수의 명령이란, 환자의 잠재의식에 대한 호소인 동시에 권위를 가리키며, 이는 또한 잠재의식이 완쾌시켜 준다는 것을 그가 믿고 느끼고 알고 있었음을 가리킨다.

세계의 여러 영적靈的 장소에서 일어난 기적

일본·인도·유럽·아메리카 등, 세계 곳곳의 수많은 영적 장소에서 완쾌 현상이 일어난 것은 틀림없는 사실이다.

나는 일본에 있는 영적 장소 가운데 몇 군데를 방문한 적이 있었다. 세계적으로 유명한 대불전大佛典에는 거대한 청동 불상이 두 손을 모으고 앉아 있는데, 깊고 황홀한 명상에 잠겨 있는 듯이 머리를 한쪽으로 모으고 있다. 불상의 높이는 42피트나 되고, 그 불상의 이름이 뜻하는 것은 '위대한 불타佛陀'라고 한다.

불상 앞에 서 있는 사람은 노소를 막론하고 그 앞에 공양물을 바쳤다. 그것은 돈이나 과일·쌀, 또는 오렌지 등이었다. 촛불은 항상 켜져 있었고,

향이 피어올랐으며, 그 가운데 많은 사람들이 기원을 올리고 있었다.

한 젊은 여인이 염불을 외며 머리를 깊게 숙인 뒤에 오렌지 두 개를 바치자, 우리를 안내하던 안내원이 그녀가 올리고 있는 기원에 대해 설명해 주었다.

그 여인은 병으로 말을 못 하는 벙어리가 되었는데, 이 불전에 기원함으로써 다시 말을 하게 되었다는 것이다. 그래서 그 젊은 여인은 지금 자기가 목소리를 되찾을 수 있도록 해 준 데 대해 불전에 감사하고 있다는 것이었다.

그녀는, 일정한 절차를 밟아 단식을 하고 공물을 바치면 반드시 옛날과 같은 자신의 목소리를 돌려 받아 다시 노래를 부를 수 있게 되리라는 너무도 단순한 신앙을 가지고 있었던 것이다.

이렇게 되면 기대를 높이는 데 도움이 되고, 그 결과로써 마음을 조종하여 신앙으로까지 상승된다.

그러므로 그녀의 잠재의식은 그녀의 신앙에 충실히 응답해 준 것이다.

상상력과 맹목적 신앙의 힘을 나타내는 또 다른 예를 소개해 보겠다.

나의 친척 가운데 한 사람은 노인성 폐결핵에 걸려 몹시 폐가 손상되어 있었다. 그의 아들은 그런 아버지의 병을 꼭 고쳐 주고야 말리라 결심하고 아버지가 살고 있는 서西 오스트레일리아의 파나스 집으로 돌아왔다.

그는 아버지에게, 치유 현상이 일어나는 유럽의 한 영장靈場에서 수도사를 만났다는 이야기를 들려주었다. 그 수도사는 예수님이 매달리셨던 진짜 십자가 나무의 한 조각을 갖고 있었는데, 500달러를 지불하고 그것을 샀다고 아버지에게 말했다.

그러나 청년의 말은 거짓이었다. 실은 길가에서 주운 나뭇조각을 보석 가게로 가지고 가서 진짜 십자가처럼 만들어 반지에 끼워 넣었던 것이다.

그는 십자가 반지를 받아 들은 아버지에게 말했다.

"누구든지 이 십자가를 만지는 사람은 병을 고칠 수 있어요."

그는 아버지의 상상력에 불을 당긴 것이었다.

노인은 그의 말을 사실로 믿고, 그날 밤 십자가 반지를 꼬옥 가슴에 끌어안고 기도를 드리면서 잠들었다.

다음날, 노인의 병은 깨끗이 나아 있었다.

당신은 이제 노인의 병을 고친 것은 길가에서 주운 나뭇조각이 아님을 알 수 있을 것이다.

그의 병을 고쳐 준 것은, 첫째 잠들었던 상상력이 다시 깨어나 강렬하게 작용하기 시작했다는 점이며, 둘째 완전히 완쾌될 수 있다는 자신과 기대였다. 노인의 상상력이 신념, 즉 주관적인 감정으로 연결되어 하나가 됨으로써 완쾌될 수 있는 힘을 창조해 낸 것이다.

물론, 아버지는 아들의 계략에 대해 끝까지 알지 못했다. 만일 이 노인이 그 후에 이러한 사실을 알게 되었더라면, 아마 그 병이 재발하였을지도 모른다. 그러나 그 노인은 그 후 한 번도 재발되지 않았고, 15년이나 더 살다가 89세에 작고했다.

보편적인 치유 원리

치유 방법에는 여러 종류가 있으나, 한 가지 분명한 사실은 그 모두가 불가사의한 성질을 갖고 있다는 것이다.

이는 모두 아는 사실이다. 이를 보고 당신의 머릿속에 떠오르는 보다 분명한 결론은, 틀림없이 갖가지 치유와 방법에는 무언가 공통된, 그리고 밑바닥에 흐르는 어떠한 원리가 있다는 확신일 것이다. 다시 말해서, 이 원리라는 것은 잠재의식이며, 완쾌될 수 있는 단 하나의 작용인 신념이다.

여기서 다시 한 번 진리를 깨우쳐 보도록 하겠다.

첫째, 당신은 두 가지 정신 기능 가운데 하나를 '의식하는 마음', 다른 하나를 '잠재의식'이라고 이름 붙여 서로 구별해 왔다.

둘째, 당신의 잠재의식은 끊임없이 암시의 힘에 도움받았다. 또한 잠재의식은 당신 육체의 기능·상태·지각 등을 완전히 지배하고 있다.

독자들은 모두 다음의 사실을 알고 있으리라 믿는다.

최면 상태에 있는 피술자에게 암시를 걸면, 그 사람에게 질병의 징후조차도 일으킬 수 있다는 사실이다.

가령, 최면 상태에 있는 피술자는 자신에게 부여된 암시의 내용에 따라 점점 열이 높아지기도 하고 얼굴이 빨갛게 물들기도 한다. 그리고 어떤 사람은 심한 오한을 느끼기도 한다.

이런 사람들에게 시험 삼아 다음과 같은 암시를 걸어 보라.

"당신의 몸은 지금 마비 상태이다. 따라서 조금도 걸을 수 없다."

이러한 암시에 따라 그는 곧 환자처럼 행동한다.

그리고 최면 상태에 있는 사람의 코밑에 물이 담긴 찻잔을 들이대면서 다음과 같이 암시하면 어떻게 될까?

"이 찻잔에는 후춧가루가 가득 들어 있다. 자, 냄새를 맡아 보라."

그러면 그는 즉각 연거푸 재채기를 해 댈 것이다.

그에게 재채기를 하도록 한 것은 찻잔의 물이었을까, 아니면 암시 때문이었을까?

티모시라는 목초牧草로 인해 알레르기 상태에 있는 사람에게 최면을 건

다음, 그의 코앞에 조화造花나 빈 컵을 놓고, "이것이 티모시다."라고 말했다 하자. 그러면 그 사람은 알레르기 증상을 일으키게 된다.

이는 병의 원인이 마음 속에 있음을 뜻한다. 따라서 질병을 치료하려면 먼저 마음 속에 있는 원인부터 제거해야만 된다.

세계에는 여러 종류의 종교 단체들이 있는데, 이들 역시 기적과도 같은 치유 효과를 수없이 일으키고 있다. 이와 같은 치유 현상은 모두가 잠재의식에 의해 비롯됨은 두말할 것도 없다. 잠재의식은 오직 하나뿐인 치료자인 것이다.

수염을 깎다가 다친 얼굴의 상처를 잠재의식이 어떤 방법으로 치료하는지 주의하여 살펴보자.

의사는 얼굴에 난 상처를 치료하고 나서 이렇게 말할 것이다.

"이제는 자연히 아물게 될 것입니다."

여기서 의사가 말한 '자연'이란, 자연 법칙, 잠재의식의 법칙, 또는 잠재의식의 기능인 개체 유지의 법칙을 가리킨다.

개체 유지의 법칙은 자연의 제일 법칙이다. 당신의 보다 강한 본능은 자기 암시 가운데서도 가장 강력한 것이다.

완쾌에 대한 분분한 학설

여러 종파나 기도 치료 단체가 주장하는 이론을 알아보았다.

이들은 저마다 대단한 성과를 올리고 있으므로 자기들의 이론이 정당하다고 주장하겠지만, 그 주장은 이 장에서 설명하였듯이 사실과 다르다.

환자를 치료하기 위한 방법은 여러 가지가 있음을 당신은 알고 있을 것이다.

오스트레일리아 출신으로 파리에 병원을 개업한 프란즈 안톤 메스메리 1734~1815 의사는 환자의 몸에 자석을 자극시킴으로써 그 병을 기적적으로 낫게 했다. 그리고 또한 유리 조각이나 금속 조각을 이용하여 치료에 효과를 올리기도 했다.

그러던 그가 도중에서 이런 치료 방법을 중단하고, 자기의 치료는 '동물 자기'에 의한 것이라고 주장했다. 그리고 그 물질은 시술자로부터 환자에게 전해진다는 이론을 세웠는데, 그 후의 질병 치료법은 당시 '메스메리즘'이라 불렸던 최면술을 이용한 것이었다.

그러나 다른 의사들은 다음과 같이 주장했다.

"그의 치료는 모두가 암시에 의한 것일 뿐, 아무것도 아니다."

정신과 의사·심리학자·지압사·정골 의사·일반 의사, 그리고 그 외 여러 종파의 교회 등은 잠재의식 속에 있는 유일하고도 보편적인 힘을 이용하고 있다.

이들은 저마다 환자를 완쾌시키는 데는 자기의 이론이 최고라고 주장할는지 모른다. 그러나 어떤 경우에도 완쾌 작용은, 신념이라는 확고하고 적극적인 심리적 태도, 내적인 태도, 또 사고에 의한 것이다.

완쾌는 자신감 넘치는 기대에 의해 비롯되지만, 이것이 곧 잠재의식에 강력한 암시로 작용하여 완쾌력을 해방하는 것이다.

저마다 각기 다른 힘에 의해 치료된다는 주장은 통용되지 않는다. 그것은 오직 신념에 의해서만 좌우되기 때문이다. 물론 사람마다 각기 다른 이론과 방법이 있을 수 있겠지만, 완쾌 작용은 오직 신념 이 한 가지밖에 없다.

신념은 다시 잠재의식으로 표현된다. 당신이 좋아하는 이론이나 방법을 선택하는 것은 좋을 것이다. 당신이 신념을 잃지 않는 한 만족할 만한 성과가 있으리라는 것만은 보증할 수 있다.

파라켈사스의 견해

필리파스 파라켈사스1493~1541는 당시 스위스의 유명한 연금술사이자 의사이며 위대한 치료사이기도 했다. 그는 다음과 같이 말했다.

"당신이 믿고 있는 신앙의 대상이 참이든 거짓이든 그에 관계 없이 효과는 동등하다. 따라서 성 베드로 자체를 믿어야 할 사람이 성 베드로의 상像을 믿었다고 하더라도 성 베드로에게서 기대되는 영험을 얻게 된다. 이것은 미신이지만, 신앙은 기적을 낳는다는 것을 알아야 한다. 더구나 사실을 믿든 그릇된 것을 믿든 신앙은 언제나 무수한 기적을 낳게 한다."

파라켈사스는 그때 이미 잠재의식에 대한 명백한 과학적 사실을 깨닫고 이를 간파했던 것이다.

그의 이러한 주장에 동조하는 사람이 있었는데, 16세기 이탈리아의 철학자 피에트로 폰포츠이가 바로 그 사람이다.

그는 이런 말을 남겼다.

"피술자와 시술자 간에 신뢰와 상상이 교류되는 동안, 특히 간단하게 그에 의해 일어나는 기적적 효과를 마음에 그릴 수가 있다. 특정한 성물聖物의 영험으로 여겨져 왔던 완쾌는 상상과 신뢰의 효과다. 성인聖人의 뼈가 아닌 어느 누구의 것인지도 모르는 뼈가 환자 앞에 있다 하더라도 환자 자신이 이것을 성인의 뼈로 믿는 이상, 역시 같은 영험을 얻게 된다는 것을 의사나 철학자 등은 알고 있다."

따라서 성인의 뼈나 성수聖水가 자신의 병을 완쾌시켜 주리라는 것을 확신하면, 잠재의식에 부여된 강력한 암시의 힘에 의해 영험이 나타나는 것이다. 이때 실제로 치유해 주는 것은 오직 잠재의식이다.

바넴의 실험

이포리트 바넴1910~1919년까지 프랑스의 난씨 의학 교수를 지냄은 환자에 대한 의사의 암시가 잠재의식을 통해 진행된다는 사실을 해설한 사람이다.

바넴은 그의 저서 《암시요법》에서, 혀끝이 마비된 한 환자의 예를 들고 있다. 담당 의사는 그 환자에게 약속했다.

"우리 병원에 새로 들여온 최첨단 기계가 있으니까 걱정 마십시오. 그 기계를 사용해 당신의 병을 틀림없이 고쳐 드리겠소."

이렇게 말한 그는 온도계를 환자의 입 안에 넣었다. 환자는 그것이 자기의 병을 낫게 해 주는 고마운 기계라고 믿었다.

그러고 나서 몇 분 뒤에 그는 혀를 자유로이 움직일 수 있게 되었다고 환성을 질렀다. 바넴은 다시 이렇게 말하고 있다.

우리가 다룬 예 중에서는 이런 사실이 발견됩니다. 전혀 말을 못 하게 된 지 약 4주일이나 되는 한 소녀가 나의 진료소를 찾아왔습니다. 정상적인 진찰 과정을 밟은 뒤에 나는 내가 가르치고 있는 학생들에게 이렇게 말했지요.

"때에 따라서 언어 장해는 전기 치료로써 치유되는 수가 있다. 그러나 전기로는 단지 암시적인 영향을 부여하는 것에 불가하다."

그러고 나서 나는 사람을 시켜 전기 유도기를 가져오게 한 뒤 손을 환자의 후두부 위에 대고 잠시 움직인 뒤에 그에게 이렇게 말했습니다.

"자, 이제부터 너는 소리 내어 말할 수 있게 됐다."

그러고 나서 나는 그 소녀에게 'A'의 발음을 하도록 했고, 이어 'B'의 발음, 그리고 다음에는 '마리아'라는 발음을 하도록 하였습니다.

그 소녀는 분명한 목소리로 내가 시키는 대로 했습니다. 그 동안 그 소녀가 번민해 왔던 언어 장해가 사라진 것입니다.

이 예에서 바넴이 주장하는 것은 '환자가 가지는 신념과 기대의 힘'이다. 이것이 잠재의식에 대한 강력한 암시로써 작용한다는 것이다.

구두 암시로써 신체에 변화를 일으킨다

바넴은 환자의 뒷머리에 우표를 붙여 놓은 다음 그것을 끈끈이 종이라고 암시를 걸어 그곳에 물집이 생기게 한 일이 있다고 말한다.

이런 예증은 바넴뿐만이 아니다. 많은 의사들의 실험과 체험담이 이를 뒷받침해 주고 있다. 환자에 대한 구두 암시로써 신체 조직에 변화를 일으킬 수 있다는 것은 의심할 바가 없다.

잠재의식은 육체의 모든 것을 지배한다

허드슨의 저서 《심령 현상의 법칙》 153쪽에는 이렇게 씌어 있다.

"기술사 중에는 암시에 의해 홍반이나 출혈 등의 현상이 일어나는 사람이 있다. 브르르 박사는 어느 피술자를 최면 상태로 만든 다음, 그에게 이렇게 암시를 주었다.

"오늘 오후 4시, 최면 상태에서 깨어나는 즉시 당신은 나의 진찰실로 들어와 팔짱을 끼고 안락의자에 앉게 됩니다. 그러면 당신의 코에서 피가 나기 시작할 겁니다."

그날 오후 4시에 청년이 최면 상태에서 지시받은 대로 행동하자, 과연 몇 방울의 코피가 흘렀다.

그리고 또 한번은 브르르 박사가 환자의 팔뚝에 끝이 뭉툭해진 송곳으로 피가 나지 않을 정도의 세기로 이름을 새겼다. 그리고 나서 그 환자가 최면 상태에 이르렀을 때 그에게 암시를 보냈다.

"이제 오후 4시가 되면 당신은 잠이 듭니다. 그리고 당신의 팔뚝에 새긴 이름을 따라 피가 솟구치기 시작하여, 당신의 팔뚝에 피로 된 글자가 나타날 것입니다."

그러자 그 환자는 정확히 오후 4시에 잠들었고, 팔에 뚜렷한 글자가 나타나면서 피가 배났다.

시간이 흐르면서 그 글자는 점차 엷어졌으나, 3개월 뒤에는 또다시 글자가 선명히 나타나기 시작했다."

이러한 사실은 앞에서 말했던 두 가지 기본적인 명제, 즉 잠재의식은 끊임없이 암시의 힘을 받고 있다는 사실과, 잠재의식은 육체의 기능이나 감각, 또는 그 상태를 완전히 지배하고 있다는 사실을 동시에 입증해 주고 있다.

위에서 밝힌 모든 현상은 암시의 효과를 선명하게 나타내고 있다. 그것은 또한 마음 속으로 생각하는 능력과 같은 효과가 나타남을 증명하고 있는 것이다.

치유의 요점

① 바로 당신의 마음 속에 치유력이 있음을 염두에 두라.

② 신념은 대지에 뿌려진 씨앗과 같다. 생각이라는 씨앗을 마음 속 밭에 뿌리고, 기대라는 물과 비료를 풍부히 주라. 그러면 원하는 바가 현실로 나타날 것이다.

③ 글 쓰는 일, 발명을 하는 일, 극본을 쓰기 위한 아이디어는 마음 속에서 현실적인 것이다. 때문에 당신은 당신이 지금 그와 같은 것을 가지고 있다고 믿을 수 있다. 당신의 아이디어·계획·발명 등은 현실화될 수 있음을 믿으라. 그러면 모든 것이 현실화된다.

④ 다른 사람을 위해 기도할 때, 건강이나 아름다움, 또는 완전성을 마음 속에서 확신하면, 그것이 곧 그 사람의 잠재의식에 있는 부정적인 형태를 바꾸게 하고 놀라운 결과를 가져온다고 깨닫게 하라.

⑤ 세계의 많은 영적 장소에서 일어나는 기적적 완쾌는 잠재의식에 작용하여 치유력을 해방시킨 상상력과 맹신에 의한 것이다.

⑥ 모든 병은 마음에서 비롯된다. 그에 대응하는 마음의 형태만 없다면 육체에는 아무런 이상도 일어날 수 없다.

⑦ 어떤 질병이든 최면 암시를 이용하여 완쾌될 수 있다. 이것은 곧 당신의 의식하는 힘의 작용을 말해 준다.

⑧ 치유 작용을 일으킬 수 있는 것은 오직 신념 하나뿐이다. 치유력 또한 잠재의식 하나뿐이다.

⑨ 당신이 믿고 있는 대상이 진짜든 가짜든 당신은 그 믿음의 결과를 얻을 수 있다. 잠재의식은 당신이 생각하고 있는 마음 속의 모든 사고에 대하여 즉각적으로 응답해 준다. 당신이 당신의 마음 속에 있는 모든 사고를 신념이라고 여길 수만 있다면 그것으로 족하다. 그것은 그 이상 아무것도 더 요구하는 것이 없기 때문이다. 치유의 원천은 신념, 바로 그 자체임을 명심해야 한다.

05

모든 병의 치유력은
자기 잠재의식 속에 있다

The Power of your subconsious mind

        사람들은 누구나 몸의 상태라든가 인간 관계를 보다 효과적으로 유지하기 위해 노력한다.

'낫게 한다', 또는 '치유한다'란 말은 무엇을 뜻하며, 치유하는 힘은 도대체 어디에 있는 것일까?

이는 모든 사람들이 궁금하게 여기는 의문이다.

그러나 그 대답은 간단하다. 모든 치유력은 각자의 잠재의식 속에 있다. 이것이 그에 대한 정확한 답이다. 환자가 잠재의식에 의하여 마음을 바꿀 수 있다면 치유력은 즉시 나타난다.

심리학자나 정신과 의사, 또는 일반 의사 등은 마음이나 종교에 의한 치료를 해 본 일이 없을 것이다.

옛말에 이런 말이 있다.

'상처를 치료하는 건 의사지만, 그 상처를 낫게 하는 것은 하느님이다.'

심리학자나 정신과 의사는 환자의 정신적인 장해를 제거함으로써 환자로 하여금 건강을 되찾게 한다. 같은 방식으로, 외과 의사는 육체의 장해를 제거함으로써 치료력의 흐름이 정상적으로 작용하도록 한다.

내과의나 외과의, 또는 심리학에 의한 치료를 막론하고, '내가 환자를 낫게 했다'고 장담할 수는 없다.

근본적으로 병을 낫게 하는 것에는 대자연·생명·창조적 지성·잠재의식의 힘 등이 작용한다.

우리 모두의 삶을 보장하는 치유력이라는 생명 원리의 흐름을 저해하는 정신적·정서적·육체적 장해를 어떻게 제거해야 할까?

그 방법에는 여러 가지가 있다.

당신의 잠재의식 속에 있는 치유의 원리는, 당신 자신 또는 누군가 다른 사람이 적당히 지시하기만 하면 당신의 마음이나 신체의 모든 병을 낫게 할 것이다.

이와 같은 치유력은 종파나 인종, 또는 피부색 등에 관계 없이 모든 사람들의 정신 속에 작용한다. 당신이 어떤 특정한 교회에 나가지 않더라도 이 치유력을 이용할 수 있으며, 또한 그에 참가할 수 있다. 당신이 무신론자이든 아니든 당신의 잠재의식은 불에 데인 손이나 칼에 베인 상처를 낫게 해준다.

근데 정신요법은 잠재의식에 대한 무한한 지성과 힘, 그리고 신념에 호응하는 진리에 기초를 두고 있다.

마음의 과학을 시술하는 사람들은, '자기 방에 들어가 문을 잠그라'는 성서의 지시를 따르고 있다. 이 말의 뜻은, 마음을 안정시켜 편하게 가지며, 힘을 빼고 자기 안에 내재하는 무한의 치유력에 대하여 생각하라는 말이다.

수많은 외계의 현상이나 잡음에 대하여 마음의 문을 닫고 조용히, 그리고 확신을 가지고 자기의 요구나 소망을 잠재의식에 인도하고, 마음의 지성이 자기의 분명한 요구에 응답해 주는 것을 실감한다.

우리는 여기서 보다 놀라운 사실을 인색해야만 한다.

자신이 바라는 소망을 상상하고, 그것이 현실화된다는 사실을 확신하라. 그러면 무한한 생명의 원리가 당신이 의식적으로 한 선택이나 요구 등에 응답해 줄 것이다.

'당신이 원하는 것을 이미 얻었다고 확신하면 그것은 틀림없이 당신의 것이 된다.'

이것이 바로 근대의 정신 과학자가 기념요법祈念療法을 할 때 이용하는 원리이다.

만물은 살아 있는 생명체이다

고양이나 개, 나무나 돌멩이, 그리고 바람이나 흙 등, 모든 것에는 유일하고도 보편적인 치유력이 작용하고 있다. 만물은 모두 살아 있는 생명체이기 때문이다.

이와 같은 생명의 원리는 동물계·식물계·광물계의 3세계로 통하여 본능과 성장의 법칙으로써 작용하고 있다.

인간의 생명은 이러한 원리를 의식적으로 사용함으로써 모든 면에서 자기의 행운을 위하여 효용케 할 수 있다.

이와 같은 보편적인 힘을 이용하기 위해서는 여러 가지 많은 수단과 기술과 방법 등이 있지만, 치유 작용만은 오직 신념 하나뿐인 것이다.

"너희가 믿고 있는바, 그 모두가 너희 것이 되리라."

생명의 법칙은 바로 신념이다

세계의 모든 종교는 곧 여러 가지 형태의 신념으로 대변된다. 그리고 이와 같은 신념에는 많은 설명이 따르고 있다.

생명의 법칙은 곧 신념을 가리킨다.

당신은 자기 자신이나 생명에 관하여, 또는 우주에 관하여 어떻게 믿고 있을까? 그것들에 대해 당신이 어떻게 믿든, 당신이 믿고 있는 바로 그것이 당신의 것이 된다.

신념이란 마음 속의 사고를 말하지만, 잠재의식의 힘은 마음 속의 사고가 습관적으로 생각하고 있는 일에 따라 생활의 모든 면에 배분된다.

성경이 가르치는 바는 결코 전례典禮나 의식, 형식이나 제도, 그리고 신조 등의 형태로 나타나는 신앙이 아니다.

성서가 가르치는 것은 오직 신념일 뿐이다. 당신 마음 속의 신념은 말할 것도 없이 당신의 마음이 생각하는 바를 뜻한다.

"할 수 있거든이 무슨 말이냐. 믿는 자에게는 능치 못할 일이 없느니라."

〈마가복음〉 제9장 23절

자기에게 상처나 해를 끼치는 것을 믿는 것은 어리석은 일이다. 당신에게 상처나 해를 끼치는 것은 신앙의 문제가 아니라, 마음 속에 있는 사고에 의한 것임을 잊어서는 안 된다.

결과를 낳는 것은 오직 신념뿐이다. 당신의 경험이나 행위, 또는 당신 주위에서 발생하는 모든 사건이나 환경 등은 모두가 당신 자신이 생각하는 바의 반영과 그에 대한 반응에 지나지 않는다.

기념요법이란, 과학적인 결과에 바탕을 두고

기능을 연결한 것이다

기념요법祈念療法이란, 의식하는 마음과 잠재의식이라는 서로 다른 위치에 있는 마음을 동시에 조화 있게 이성적으로 작용하게 하고, 어떤 분명한 목적을 위해 움직이게 하는 것을 말한다.

과학적 기념이나 기념요법은 우선 자기가 지금 무엇을 하고 있으며, 또한 무엇 때문에 그 일을 하고 있는가를 알아야 한다.

기념요법은 다른 말로 정신요법, 또는 과학적 기념이라고도 불린다.

기념요법에 있어서, 당신은 자기가 경험해 보고 싶다고 생각하는 아이디어나 심상心象, 계획 등에서 하나를 의식적으로 선택하게 된다.

당신은 이처럼 가정된 상태에 대해 현실성을 실감함으로써, 이와 같은 생각이나 심상을 잠재의식으로 보낼 수 있는 능력을 가졌음을 깨닫게 되는데, 이러한 심적 태도를 충실히 유지하면 당신의 기원은 반드시 이루어지게 된다.

기념요법이란, 어떤 특정한 목적에 대한 확고한 정신적 행동이다. 가령, 어려운 문제를 정신적 요법으로 고치고자 결심했다고 하자.

이때 당신은 우선 다음과 같은 것을 알아야만 한다.

즉, 당신이 당면한 어려움이나 질병이 어떤 것이든 간에, 그것은 자신의 잠재의식에 내재되어 있는 부정적인 사고에 의해 야기되었다는 사실을 알아야 한다. 그리고 또 한 가지, 자기 마음 속에 있는 이러한 사고를 제거한다면 완쾌될 수 있다는 사실을 알아야 한다.

따라서 당신은 잠재의식에 내재하는 치유력에 눈길을 돌려, 그것이 지니는 무한한 힘과 지성이야말로 그 모든 상태를 바르게 치유할 수 있다는 확신을 가져야만 한다.

이와 같은 진리를 묵상할 때 비로소 당신의 공포감은 사라지게 된다. 그리고 이와 같은 진리를 상기하는 것은 당신의 그릇된 신념을 교정하는 방법도 된다.

치유가 반드시 자기를 찾아올 것이라 확신하고 그에 대해 감사해야 한다. 그리고 나서 당면한 어려운 문제들을 방치해 두면 얼마 가지 않아 다시 기도를 올리고 싶은 충동을 받게 된다.

기도할 때는 부정적인 사고를 거부하고 또한 치유될 리 없다는 등의 절망을 단 한순간이라도 갖지 말아야 한다. 이는 완전한 치유를 위해 아주 절대적이다.

이상의 심적 태도야말로 의식하는 마음과 잠재의식의 조화 있는 결합을 이룩하고 치유력을 해방하게 된다.

신앙요법의 의미와 맹신盲信이 통하는 이유

흔히 '신앙요법'이라고 불리는 것들은 대부분 성경에서 말하는 신앙의 뜻이 아니다. 성경은 의식하는 마음과 잠재의식 간의 상호 작용에 관한 지식을 가리킨다.

신앙요법 시술자들은 그에 관계되는 갖가지 힘에 관하여 이렇다 할 과학적인 지식 없이 환자를 치료한다. 이런 사람들은 자기들에게 환자를 치료할 수 있는 특별한 재능이 있다고 주장할지 모른다.

또한 시술자 및 환자의 맹신이 치유라는 결과를 낳을 수도 있다. 또 남아프리카나 그 외 지방의 부즈교教 신자들은 주문에 의하여 환자를 치료할는지도 모르며, 또한 이른바 성인聖人의 뼈를 만진다든가, 환자로 하여금 자기가 취하고 있는 수단과 방법을 진실로 믿게 함으로써 병이 나을 수도 있다.

그것이 어떤 방법이든, 당신으로 하여금 공포와 근심을 떠나 신념과 기대를 갖게 하는 방법이라면 그것은 치유력이 있다. 자기가 세운 이론이 성과를 올렸으므로 이것이야말로 올바른 이론이라고 주장하는 사람들을 우리는 흔히 볼 수 있다. 그러나 앞서 말한 바와 같이, 그들의 이론이 올바를 리 없다.

그럼, 맹신의 힘이 얼마나 크게 작용하는지 예를 들어 보겠다.

앞에서 말한 스위스의 의사 프란츠 안톤 메르메스의 이야기를 돌이켜 보자.

1776년, 그는 '인공 자석으로 환자의 몸을 문질렀더니 많은 환자들이 완치되었다'고 주장했다.

그 후 그는 '인공자석이론'을 버리고 '동물자기이론'을 전개했다. 이것은 우주에 가득 차 있는 유동체인데, 인간의 기관 중에서도 가장 활발한 것이라고 그는 생각했다. 그는 자기磁氣에서 흘러나가 환자들에게 전해지는 자기 유동체에 완전한 치료의 힘이 있다고 주장했다. 그리고 실제로 수많은 사람들이 그에게로 몰려가 많은 기적적인 치유 현상을 경험했다.

메르메스는 파리로 이사를 했다. 그때 정부는 의사와 과학원 회원 벤자민 프랭클린도 그 중 한 사람이었다으로 구성된 위원회로 하여금 메르메스의 치료를 조사하도록 했다.

그 결과, 조사 위원회는 메르메스가 주장한 주요 사실을 인정하였으나 그가 주장하는 자기유동체설은 입증할 만한 증거가 없고, 그 치유 효과는 단지 환자의 상상력에 의한 것일 뿐이라고 보고했다.

그 후 얼마 안 되어 메르메스는 추방되었고, 1815년에 세상을 떠났다.

메르메스가 죽자 멘체스리의 브레이드 박사는 그에 대한 연구에 착수했는데, 그 이유는 문제의 자기유동체설이 치유 효과에는 하등 관계가 없다는 사실을 입증하기 위해서였다. 그 결과 브레이드 박사는, 환자를 최면 상태에 이르게 하면, 그 동안 메르메스가 '자기력'이라고 주장했던 갖가지 현상들을 일으킬 수 있다는 사실을 알아냈다.

이 같은 치유는 모두가 환자 측의 활발한 상상력의 작용과 잠재의식에 대한 강력한 암시, 즉 건강에 대한 그들의 굳센 암시가 상호 작용함으로써 비롯된 것임을 알 수 있다.

그러나 그 당시는 이러한 치유 현상에 대한 이해와 지식이 없었기 때문에 그 이상의 것을 알아낼 수가 없었다. 또다시 사람들은, 이러한 치료 효과는 모두가 맹신에 의한 결과라고 믿었던 것이다.

완전한 평화와 건강을 찾기 위한 방법

개인의 주관적인 마음, 즉 잠재의식은 타인으로부터의 암시, 또는 자기 자신의 객관적인 마음, 즉 의식하는 마음에 의해 지배된다는 것을 여기서 다시 되풀이할 필요가 없다고 생각한다.

하지만 일단은 이러한 사실을 염두에 두자. 객관적인 신념의 내용이 어떤 것이든 능동적인 것이든 수동적인 것이든 믿기만 하면 잠재의식은 암시의 지시를 받아 소망을 이루어 주는 힘을 발휘하기 때문이다.

정신적 요법에서 필요로 하는 신념은 순수한 주관적 신념이며, 객관적인 마음, 즉 의식하는 마음에 적극적인 반대가 불가피하게 되는 것이다.

육체적 치료에는 의식하는 마음과 잠재의식 간의 신념이 동시에 작용해 주는 것만큼 좋은 것이 없다. 그러나 심신을 편안히 하여 수동적이며 수용적인 상태에 이르러 졸음을 느끼게 되면 꼭 그래야 할 필요는 없다. 가수면(假睡眠) 중에 수동적인 상태가 되면 당신은 주관적인 인상을 받아들이기에 지극히 좋은 상태가 된다.

얼마 전에 나는 이러한 질문을 받았다.

"최근 나는 시술자로부터 치료를 받았는데, 그가 도대체 어떤 방법을 사용했는지 모르겠어요. 그가 나한테 이렇게 말하더군요. '당신은 지금 아무런 질병도 없으며, 또 그런 상태에 있지도 않습니다.' 그러나 나는 그의 말이 전혀 믿기지 않았습니다."

이 사람은 처음, 자기의 지성이 모욕을 당했다고 생각했다. 그래서 바보스러운 시술자의 말에 항의를 했던 것이다.

그러나 그는 곧 시술자의 설득을 듣고 조용해졌으며, 그로부터 완전히 수동적인 상태에 들어가 한 마디 말도 하지 말고, 잠시 동안 아무것도 생각하지 말도록 지시를 받았다. 시술자 역시 수동적인 상태에 들어가 약 30여 분 동안 조용히 평화롭게 조정을 계속했다.

"이 환자는 완전한 평화와 건강을 찾았다. 이 사람은 앞으로 영원히 건강과 평화·결함이 없는 생활을 할 것이다."

그 순간, 그는 자기 몸이 가벼워진 듯한 느낌이 들었고, 다시 건강을 되찾게 되었다.

치료를 받는 동안 환자는 수동적인 상태에 있었기 때문에 그의 주관적인 신념이 나타났고, 시술자가 부여한 완전한 건강이라는 암시가 그의 잠재의식에 전해졌다는 것을 우리는 쉽게 알 수 있다. 즉, 두 가지 주관적인 마음이 교감한 것이다.

이 환자는 치료자의 힘이나 그 이론의 정당성에 대하여 회의를 가지고 있었으나 그 시술자는 방해를 받지 않았던 것이다. 가수면 상태에 이르면 마음의 저항이 최저선으로 끌어내려지고, 그로 인하여 치유의 결과가 나타나게 된다. 이때 환자의 잠재의식은 그와 같은 암시의 지배를 받게 되므로 그에 따른 작용을 하였을 뿐이다. 그리고 그 결과로 치유 현상이 일어났던 것이다.

부재 치료不在治療의 의미

당신의 어머니가 뉴욕에서 갑작스럽게 병이 났으나 그때 당신은 공교롭게도 로스앤젤레스에 있었다고 가정하자.

당신의 어머니가 실제로는 옆에 없지만, 당신의 어머니를 위해 기도할 수는 있다.

마음의 창조적인 법칙은 당신의 말을 듣고 당신의 소망을 이루어 주기 위해 일을 시작한다. 그것은 자동적인 움직임이다. 당신의 치료란 마음 속에 존재하고 건강과 조화의 실감을 불러일으키기 위한 것이다. 이 내재하는 실감이 잠재의식을 통하여 작용한다. 왜냐 하면 창조적인 마음은 오직 하나뿐이기 때문이다.

당신이 건강과 활력, 그리고 완전 등에 관한 생각은 하나뿐인 보편적인 주관적 정신을 통하여 작용하고, 생명의 주관적인 면에 대해 법칙을 발동하는데, 그것이 당신 어머니의 육체를 통해 치유로써 나타난다.

심리에는 시간과 공간이 없다. 당신의 어머니가 어디에 있든 그녀를 통해 작용하는 것은 같은 마음일 뿐이다. 실제적으로 눈앞에서의 치료에 비유할 만한 치료는 있을 수 없다. 왜냐 하면, 이와 같은 보편적인 정신은 편재偏在

이기 때문이다.

의식을 추방한다든가 붙잡으려는 생각은 하지 않는 게 좋다.

당신에 대한 치료는 생각의 의식적인 움직임이다. 그리고 당신이 부나 행복, 또는 마음을 편히 하는 등의 여러 가지 성질을 의식하게 되면, 그것은 당신 어머니의 체험으로 부활하여 계속해서 그 결과가 야기될 것이다.

이른바 완전한 부재 치료의 한 예를 들어 보겠다.

최근 로스앤젤레스에 사는 라디오 프로의 한 청취자가 뉴욕에 있는 자기 어머니를 위해 다음과 같이 기구했다. 그녀의 어머니는 관상동맥혈전증 환자였다.

"이 치유력은 나의 어머니가 계신 곳에 있다. 어머니의 건강 상태는 영사막에 투영된 그림자처럼 어머니의 생각의 반영에 지나지 않는다. 영사막의 화상을 바꾸려면 영사 필름을 바꿔야 한다는 것을 나는 알고 있다. 나의 마음이 바로 영사 필름이다. 나는 지금 어머니를 위해 나의 마음 속에 무 결과 조화와 완전한 건강의 그림을 투영한다. 어머니의 신체와 모든 기관을 창조한 무한한 치유력이 이제 어머니의 모든 원자에 침투하고, 평화의 물줄기가 육체의 각 세포를 통해 흘러가고 있다. 의사들은 하느님에 의해 유도되고 지시를 받으며, 우리 어머니의 몸에 닿은 사람들은 누구나 올바른 치료를 받도록 유도되고 있다. 나는 병이 실재성을 갖지 못하는 것으로 알고 있다. 만일 그런 것이 있다면, 아무도 병이 치유될 수 없을 것이다. 나는 이제 사랑과 생명의 무한한 원리와 손을 잡겠다. 조화와 건강과 평화가 이제 어머니의 육체에 나타나고 있음을 알며, 또한 그렇게 되기를 명한다."

그녀는 이와 같이 하루에도 몇 번씩 자기 어머니를 위해 기도하였다.

그 결과, 며칠 뒤에 그녀의 어머니는 놀라울 정도로 회복하여 담당 의사를 놀라게 하였다.

딸이 마음 속에서 이룬 결론에 따라 마음의 창조적인 법칙은 생명의 주관적인 면에 대해 활동을 시작했고, 그것이 그녀 어머니의 육체를 통해 완전한 건강과 조화하여 명백하게 나타났던 것이다. 딸이 자기 어머니에 대해 진실이라고 느꼈던 사실들이 어머니에게 체험이라는 형태로 부활한 것이다.

잠재의식에게 잠자는 동안 할 일거리를 주어라

심리학자인 나의 친구가 한쪽 폐에 이상이 생겨 X레이를 찍고 분석한 결과 결핵으로 판명되었다.

그 후 그는 잠자리에 들기 전에 다음과 같이 긍정하였다.

"나의 폐를 구성하고 있는 모든 세포·신경·조직·근육은 이제 건강하고 순수하며, 나의 전신은 완전하게 건강의 조화를 이루고 있다."

그로부터 약 한 달 뒤, X레이 촬영 결과 치유 현상이 나타났다.

나는 그가 어떤 방법을 이용했는지 알고 싶어서 그에게 물었다.

"왜 잠들기 전에 그와 같은 긍정을 되풀이하였는가?"

그러자 그는 이렇게 대답했다.

"잠재의식은 잠을 자는 동안에도 계속적으로 활동하고 있지. 따라서 잠들기 전에 잠재의식이 할 수 있는 일거리를 주어야 하지."

이것은 지극히 현명한 대답이었다. 조화나 완전한 건강을 생각하고 있는 동안 그는 자기 병명에 대해 입에 올리는 일이 결코 없었던 것이다.

자기의 병명을 입에 올린다거나 병에 대한 이야기를 하는 것은 어리석은 짓이다. 따라서 이 책을 읽는 독자들은 절대로 그런 일이 없기를 바란다.

당신의 생명을 단축하는 유일한 것은 자신의 병에 과잉 신경을 쓴다든가 지나친 공포심을 느끼는 일이다. 앞서 예로 든 심리학자와 같이 우선적으로 마음의 외과 의사가 되자. 그러면 당신의 병은, 나무에서 썩은 가지가 제거되듯이 병이 제거될 것이다.

만일 당신이 자신의 병 증세나 통증을 쓸데없이 입에 올리면, 그것은 곧 당신의 잠재의식이 가지고 있는 동력학적 활동, 즉 치유력과 에너지의 해방을 방해하는 것이 된다. 당신이 병에 대해 두려움을 가질 경우, 마음의 법칙에 의하여 그 두려운 존재가 구체적인 형태로 나타나는 경향이 있음을 명심해야 한다.

당신의 마음을 생명의 위대한 진리로 충만하게 하고 사랑의 빛 속으로 계속 전진하라.

건강을 위한 요점

① 당신의 병을 치유해 주는 것이 무엇인지를 깨달으라. 당신의 잠재의식에 올바른 지시만 내리면 당신의 마음과 육체의 병을 치유할 수 있다는 사실을 깨달으라.

② 당신의 잠재의식 속으로 당신의 요구나 소망을 인도하기 위한 명확한 도면을 작성하라.

③ 마음 속에 자기가 요구하는 목적을 그리고 스스로 그 현실성을 실감하라. 그러면 확실한 결과를 얻을 것이다.

④ 신념이 무엇인지를 확실히 깨달으라. 신념이란 당신의 마음 속에서 생각하고 있는 바로 그것이며, 자기가 창조하고 있다고 생각하는 바로 그것이다.

⑤ 병이나 자기 자신에게 상처를 주고 해롭게 하는 것을 받는 것만큼 어리석

은 것도 없다. 완전한 건강과 번영, 평화와 부富, 그리고 하느님의 인도를 믿으라.

⑥ 당신이 습관적으로 지니고 있는 위대하고 고귀한 생각은 위대한 행위가 된다.

⑦ 기념요법을 당신의 생활에 응용하라. 분명한 계획과 아이디어, 그리고 마음의 그림을 선택하고 그와 같은 생각과 정신적으로 한몸이 되어야 한다. 또한 그와 같은 심적인 태도에 항상 충실하면 당신의 기원은 반드시 이루어지게 되어 있다.

⑧ 참된 치유력을 기원한다면, 당신은 신념, 즉 의식하는 마음과 잠재의식의 작용에 관한 지식으로서 그것을 손에 넣을 수 있다. 신념은 이해로부터 비롯된다.

⑨ 맹신이란, 과학적으로는 그와 관계된 힘을 전혀 이해할 수 없지만, 결과적으로는 치유를 얻을 수 있다. 즉, 정당한 이론은 없으나 결과는 있다는 뜻이다.

⑩ 사랑하는 자가 병을 앓고 있다면 그를 위해 기도하라. 당신의 마음을 고요하게 하라. 그렇게 하면 당신이 생각했던 건강과 활력, 그리고 완전 등이 보편적이며 유일한 주관적인 마음을 통해 당신이 사랑하는 사람의 마음에까지 느껴져 치유의 기적을 맛볼 수 있다.

06

정신 생활의 전개와
함양을 위한 기술
The Power of your subconsious mind

교량이나 엔진을 만드는 기사들에게는 그것을 만드는 기술과 방법이 필요하듯이, 당신의 생명을 통치하고 지배하고 지휘하기 위해서는 그에 대한 기술이 필요하다. 모든 분야에 있어서 방법이나 기술은 기본이라는 사실을 깨달아야 한다.

금문교를 만드는 데 있어서 책임 기사는 수학의 원리, 그리고 압력과 장력 등을 이용하였다. 그러고 나서 제2단계로 그는 만灣에 걸쳐진 이상적인 다리의 모습을 마음 속에 그렸으며, 제3단계는 실험과 증명필證明畢의 방법을 응용하여 여러 가지 원리를 충족시켜 나갔다. 이러한 과정을 거친 끝에 그 다리는 실제적인 모습으로 나타났고, 우리는 오늘 자동차로 그 다리 위를 질주하게 된 것이다.

이와 마찬가지로, 우리의 기원을 이룸에 있어서도 역시 그 기술과 방법이 필요하다. 그 기원이 이루어지기까지는 과정과 방법이 있어야 한다. 이것이 과학적인 달성 방법이다.

이 세상에 우연이란 있을 수 없다. 세계는 일정한 법칙과 질서에 의해 돌아가기 때문이다.

이 장에서는 당신의 정신 생활의 전개와 함양을 위해 필요한 실제적인 기술에 대해 이야기해 보도록 하겠다.

당신의 기도가 마치 풍선처럼 허공에 맴돌아서는 안 된다. 거기에는 분명한 목적지가 있어야 한다. 따라서 당신은 인생을 통해 그 목적지에 이르는 길을 개척하지 않으면 안 된다.

기도를 분석해 보면 거기에는 여러 가지 방법과 수단이 있음을 알 수 있다. 그러나 이 책에서는 종교 의식에 쓰이는 형식이나 전례적인 기도는 다루지 않겠다. 그와 같은 기도가 집단 예배에서는 중요한 위치를 차지할지 모르지만, 우리는 지금 우리의 일상 생활, 또는 남을 돕는 데 응용할 수 있는 개인적인 기도의 방식에 대해 논하려 한다.

기도란, 우리가 이루어지기를 바라는 일들에 대한 사고를 표현하는 것이다. 기도는 영혼의 진지한 소원이다. 따라서 당신의 소원은 곧 당신의 기도가 된다. 그것은 당신의 보다 절실한 필요에 의해 시작되며, 당신의 인생에 있어서 필요로 하는 것들이다.

'믿으라, 정의를 그리워하는 자들의 정의로써 충만하리라는 것을.'

이것이 참된 기도이다. 이것이야말로 평화와 조화와 건강과 기쁨, 그리고 갖가지 인생에 대한 축복의 갈망이다.

잠재의식을 고취하는 '종료終了'의 기술

이 종료의 기술은 근본적으로 의식에 건네준 여러 가지 암시—당신의 요구—를 잠재의식으로 하여금 이론 없이 받아들이게 하는 방법을 말한다.

'종료'의 기술은 환상적인 상태에 있을 때보다 더 효과적이다. 당신의 마음 속 깊은 곳에는 무한한 지성과 힘이 있음을 잊지 말아야 한다.

우선 기분을 차분하게 가다듬은 상태에서 소망을 생각해 보자. 그리고 소망이 이루어지는 과정을 눈앞에 그려 보자.

한 소녀가 몹시 심한 기침을 하여 목병을 앓고 있었다. 그러나 그 소녀는 진지한 태도로 몇 번이나 되풀이하여 이렇게 외웠다.

"지금 나의 병은 완치되어 가고 있다. 나는 기침이 멎게 되고, 따라서 목병도 낫게 된다."

그리고 나서 한 시간 후, 그 소녀를 괴롭히던 기침은 씻은 듯이 멎었다.

우리도 이 소녀와 같이 단순하고 소박한 마음으로 시도해 보자.

인생의 새로운 설계도를 손 안에 넣자

당신이 자신과 가족을 위해 새로운 집을 지으려고 한다면 그 설계도에 대해 비상한 관심과 흥미를 갖게 될 것이다.

우선 건축가가 설계도대로 진행하고 있는지 어떤지를 주의 깊게 살펴볼 것이다. 건축 재료에도 주의를 기울이게 되고, 재목이나 철근 등을 사용하는 데도 좋은 것을 택하게 될 것이다.

그럼 당신의 마음 속에 있는 집이나 행복에 대한 설계도는 어떠한가?

당신이 경험한 일이나 당신의 인생에 일어나는 모든 일은 마음 속의 집을 짓는 데 쓰이는 마음의 건축 재료, 즉 건축 재료의 성질에 따라 결정된다. 만일 당신의 설계도가 공포·불안·근심·결핍 등으로 가득 차 있고, 의기 소침과 의심으로 가득 차 있으며, 또한 냉소적이라고 한다면, 당신의 마음을 이루고 있는 정신적 바탕은 노력·근심·긴장·불안의 증대, 그리고 모든 면에서 결핍이라는 형태로 나타나게 될 것이다.

인생에서의 여러 가지 활동 가운데 보다 근본적이고, 보다 영향을 미치는 것은 마음이다. 즉, 눈을 뜨고 있는 동안 마음 속에서 어떤 것을 형성하고 있는가는 말로 표현되지 않고 눈으로 볼 수도 없지만 분명히 현실로 나타난다.

당신은 하루 24시간 동안 마음 속에서 집을 짓고 있다. 이 경우, 새 집의 설계도는 당신이 24시간 동안 생각하고 설계하는 것, 바로 그것이다.

당신의 생각, 당신의 아이디어, 당신의 신념, 당신의 마음 속에 있는 비밀 스튜디오에서 되풀이되는 장면 등에 따라 당신은 매시간, 점차 빛나는 성공과 건강과 행복을 쌓아올릴 수가 있다.

당신이 건축하고 있는 그 웅장하고 아름다운 저택은 두말할 것도 없이 당신의 개성이며, 당신 자체이며, 그리고 이 세상에 있어서 당신의 모든 경력을 의미한다.

새로운 설계도를 손 안에 넣자. 지금 이 순간, 평화와 조화, 기쁨과 선의를 실감함으로써 차근차근 공사를 진행해 나가도록 하자.

이러한 일을 여유 있게 생각하고 요구하게 되면, 당신의 잠재의식은 당신이 작성한 그 설계도를 받아들여 모두 실현해 준다.

참된 기도의 과학과 기술

과학이란 언제나 관련 있는 것까지 배열되는 조직화된 지식을 의미한다.

참된 기도의 과학과 기술이 생명의 근본적인 원리를 어떻게 다루는지 그 취급법과 더불어, 당신의 인생에 대한 배려뿐만 아니라 모든 사람의 인생에 대해 충실히 응용하여 표현하여야 할 기술과 절차를 생각해 보기로 하자.

이 경우, 기술이란 당신의 기술과 절차를 가리킨다. 그 배후에 있을 과학이란, 당신이 마음 속에 그리고 있는 그림이나 사고에 대한 창조적 정신의 확고한 반응이다.

"구하라, 그러면 너희에게 주실 것이요. 찾으라, 그러면 찾을 것이요. 문을 두드리라, 그러면 너희에게 열릴 것이니."

〈마태복음〉 제7장 7절

당신의 소망을 받아들여 줄 것이라는 가능성에 대해 성경은 이렇게 말하고 있다. 당신이 문을 두드리면 당신을 위해 그 문이 열릴 것이고, 찾으면 찾아질 것이라는 뜻이다.

이러한 가르침은 마음의 법칙, 또는 정신 법칙의 명확성을 가리킨다.

당신이 의식적으로 생각하는 일에 대해 잠재의식은 언제라도 무한한 지성으로부터의 직접적인 응답을 들을 수가 있다. 당신이 빵을 구하는 데 돌을 주지는 않을 것이다. 만일 빵을 얻고 싶거든 얻을 수 있다는 확신을 갖고 이를 구해야 한다.

당신의 마음은 언제나 움직이고 있지만, 당신의 마음 속에 확실한 그림이 그려져 있지 않으면 마음은 움직일 수가 없다. 왜냐 하면 움직여야 할 목적이 없기 때문이다.

마음의 활동인 기도는 먼저 마음 속의 그림으로 받아들여진 후에야 비로소 잠재의식의 힘이 작용하여 목적을 이룬다. 당신은 마음 속의 수용점, 즉 무조건적이며 절대적인 동의에 놓여 있어야만 한다. 이와 같은 묵상에는 틀림없이 당신의 소망이 이루어지리라는 확신으로서의 기쁨과 안정된 감정이 따라야만 한다. 의식하는 마음의 움직임은 무한한 지혜와 힘인 잠재의식으로부터 분명한 응답을 받을 수 있다는 것을 알고, 이에 완전한 신뢰를 두는 것이 참된 기도의 기술과 과학으로서의 올바른 기초인 것이다.

이와 같은 순서에 따라 당신은 기도를 통하여 당신의 소망을 얻을 수 있다.

생각을 시각화하는 테크닉

생각을 좀더 명확히 하는 가장 간단하고 명료한 방법은 우선 그것을 시각화하는 일이다. 다시 말해, 마치 그것이 살아 있는 것처럼 마음 속의 눈으로 선명하게 볼 수 있어야 한다는 뜻이다.

당신이 눈으로 볼 수 있는 것은 이미 외계에 존재하고 있는 것이다. 이와 마찬가지로, 당신의 마음의 눈으로 볼 수 있는 것은 육안으로는 보이지 않는, 마음의 영역에 존재하는 것뿐이다.

당신이 자신의 마음 속에 그리는 그림은 당신이 요구하는 모든 것의 실체이며, 육안으로는 보이지 않는 것의 존재를 나타내는 산 증거이다. 당신이 상상을 통해 어떤 형태를 갖출 수 있는 것이라면, 당신 신체의 일부와도 같이 실재하고 있는 것이다. 다시 말해, 당신의 계획이나 사고는 실재라는 것이다. 당신의 마음 속에 그림을 간직하고 있는 한, 언젠가는 객관적 세계에 나타나게 된다.

이러한 사고는 당신의 마음 속에 새겨지고, 또한 이러한 각인은 다시 당신의 인생을 통해 사실이나 체험으로 나타난다.

건축가는 자기가 원하는 형태의 건물을 머릿속에 그릴 수 있다. 자기가 바라는 바에 따라 완성된 건물의 모습을 머릿속에서 볼 수 있다. 마음 속의 그림이나 사고의 흐름이 하나의 상상이 되어 실제적인 건물로 나타나게 되는 것이다.

아름다운 건물이든, 흉물스런 건물이든, 또는 마천루와 같이 높은 건물이든, 지극히 낮은 건물이든, 모두가 이러한 과정을 거쳐서 형성된다.

건축가의 마음 속 그림은 종이에 그린 도면과도 같다. 그의 설계도대로 작업원들은 필요한 재료를 모아 건축을 진행시킨다. 그리고 마지막으로 그 건물은 처음에 건축가가 마음 속에 그렸던 것과 똑같이 현실로 태어나는 것이다.

나는 연설을 하기 위해 연단에 오르기 전에 바로 이와 같은 시각화의 기술을 이용한다. 우선 마음 속의 그림을 잠재의식에 제시하기 위해 마음 속의 움직임을 정지시킨다. 그리고 강당 전체의 모습을 마음 속으로 생각한다. 강당 내에 있는 모든 의자가 청중들로 가득 차고, 참석한 모든 사람들이 각자마다 자기 손에 내재하는 무한한 치유력에 의해 눈을 뜨고 고무되는 광경을 내 마음 속에 그림으로 나타내는 것이다.

내 연설을 듣고 모든 청중이 즐거워하고 행복해 하는 광경을 마음 속의 눈으로 볼 수 있다.

이렇게 마음 속의 그림을 간직하면서 많은 청중이, "나는 병이 나았습니다." "나는 기분이 상쾌합니다. 순식간에 내 병이 나았습니다." "나는 변했습니다." 등과 같이 말하는 광경을 상상한다.

청중들 각자의 마음이나 몸이 사랑과 건강과 아름다움으로 가득 차 있다고 확신하고 실감하면서, 이와 같은 마음의 그림을 약 10여 분 동안 계속해 나가는 것이다. 그러면 건강과 행복을 찾는 모든 청중들의 소리가 실제로 나의 마음 속에 들려올 만큼 나의 의식은 높아 간다. 그때 나는 내 마음의 그림을 모두 해방시킬 수 있는 연단으로 나아간다.

일요일마다 내 연설을 듣고 나서 자기의 기도가 이루어졌다며 기뻐하는 사람들을 실제로 여럿 볼 수 있다.

마음의 영화법

중국의 속담에 이런 말이 있다.

"그림은 천만 가지 말보다 낫다."

그리고 미국 심리학계의 아버지로 불리는 윌리엄 제임스는 이렇게 강조하고 있다.

"신념이 지지하는 마음의 그림은 잠재의식에 의하여 실현된다."

이를 부언하면 다음과 같다.

"그렇게 되리라고 믿고 생각하는 것은 틀림없이 그렇게 된다."

몇 년 전, 나는 중서부의 몇몇 주州에서 강연을 가진 바 있다. 나는 그곳에 가기 전, 그곳 어디에다 항구적인 장소를 정하여 나에게 도움을 청하는 사람들에게 봉사하고 싶다는 생각을 가졌다.

나의 이러한 생각은 먼 여행 중에서도 마음 속에서 사라지지 않았다.

어느 날 저녁, 위싱턴 스포케인에 있는 어느 호텔에 묵으면서 나는 긴 의자에 누워 마음을 편하게 하고 주의력을 정지함으로써 조용하고 수동적인 자세를 취한 뒤 나의 청중에게 다음과 같은 말로 연설하는 광경을 상상했다.

"이곳에 오게 된 걸 나는 기쁘게 생각합니다. 이와 같은 기회가 내게 이르기를 기도해 왔기 때문입니다."

나는 마음의 눈을 통해 상상 속에서 청중을 보았다. 그리고 모두가 실재한다고 느꼈다. 나는 배우의 역을 맡아 연기하고, 마음의 눈을 통해 영화를 각색하였다. 그러자 바로 이 영화가 나의 잠재의식으로 옮겨져 나름대로 실현될 것이라는 만족감을 느낄 수 있었다.

다음날 아침 눈을 떴을 때, 나는 커다란 만족감과 평온함을 맛보았다.

그로부터 며칠 후, 나는 한 통의 전보를 받았다. 중서부에 있는 어떤 조직을 인수해 달라는 내용이었다.

나는 이를 받아들이고, 그 후 몇 년 동안 이 일을 즐거운 마음으로 해나갔다.

이 방법은 많은 사람들의 공감을 얻어 '마음의 영화법'이라 불리고 있다.

나는 라디오 강연이나 매주 공회당에서 가지는 강연의 청취자들로부터 무수한 편지를 받고 있는데, 그들에 의하면, 이와 같은 '마음의 영화법'은 특히 부동산을 팔 때 큰 효과가 있었다고 한다.

나는 집이나 토지 같은 부동산을 팔려고 내놓은 사람들에게, 그들이 정한 값이 정당한 것이라고 믿고 마음 속에서 만족하도록 권한다. 그렇게 하면 무한한 지성이 그 물건을 사려고 하는 적당한 사람을 찾아 끌어당겨 주기 때문이다.

마음을 조용하게 한 상태에서 마음을 편안히 먹고, 힘을 빼고, 졸음을 느끼는 상상에 이르러 모든 마음의 노력을 최소한으로 하도록 권한다. 자기 손에 수표가 쥐어진 모습을 마음 속에 그리면서 그 수표에 기뻐하고 감사하며, 당신의 마음 속에 창작된 이와 같은 영화 전체가 자연 그대로임을 믿으면서 잠드는 것이다.

이때 주의할 점은, 그것이 객관적 현실인 것과 동등하게 믿고 행동하여야 한다. 그러면 잠재의식은 이를 인상印象으로서 받아들이고, 심층의 흐름을 통하여, 사려는 사람과 팔려는 사람 사이에 거래가 성립된다.

신앙에 기초한 마음 속 그림은 이렇게 현실로서 나타나는 것이다.

보드원 법

샤를르 보드원은 프랑스 루소 연구소의 교수이다. 그는 훌륭한 심리요법 가로서 뉴 난시 치료 학교의 연구소 소장을 역임하였다.

1910년, 그는 다음과 같이 가르쳤다.

"잠재의식에 각인하기 위한 가장 좋은 방법은 가수면 상태, 즉 모든 노력이 최소한으로 축소된 수면 비슷한 상태로 들어가는 것이다."

조용하고 수동적인, 그리고 수용적인 방법으로 묵상을 통해 자신이 원하는 바를 잠재의식으로 보낼 수 있다는 것이다.

다시 말해, 자신이 생각하고 있는 바를 잠재의식에 보다 확실히 불어넣을 수 있는 간단한 방법은, 암시의 대상이 되는 생각을 압축하고, 이를 즉각 기억력에 각인할 수 있는 간단한 문구로 정리한 뒤, 이 문구를 마치 자장가처럼 몇 번이고 계속 되풀이하는 것이다. 그것이 최선의 방법이다.

몇 년 전, 로스앤젤레스에 있는 한 젊은 여성이 유언장의 내용을 놓고 가족 사이에 격렬한 소송 사건을 일으킨 적이 있었다. 그녀의 남편은 죽기 전에 자기의 전 재산을 그녀에게 남겼지만, 그의 전처가 낳은 아들딸들이 반기를 들었던 것이다. 그들은 아버지의 유언을 무효화시키려고 했고, 이로 인해 싸움이 벌어져 급기야 소송에까지 이르렀던 것이다.

마침내 그녀는 보드원 법을 이용하여 다음과 같은 일을 되풀이했다.

그녀는 우선 안락의자에 앉아 몸을 편안히 하고 가수면 상태에 들어갔다. 그런 뒤에 간단히 기억 속에 새길 수 있도록 자신에게 필요한 말을 몇 단어로 압축하였다.

"하느님의 질서에 따라 이 소송은 이미 끝난 일이다."

이 짤막한 문구 속에는, 자기의 잠재의식을 통하여 작용하고 있는 무한한 지성이 조화의 원칙에 따라 이 소송에 모든 제반 문제를 해결해 준다는 내용이 들어 있다.

그녀는 약 열흘 동안 밤마다 가수면 상태에서 천천히, 그리고 실감하면서 이 말을 계속 되풀이하였다. 그 동안 그녀는 내적인 평화와 함께 온몸에 정적을 느꼈고, 그 뒤에 스르르 잠에 빠져들기를 열흘 동안 계속했다.

이러한 방법을 이용한 지 11일째 되는 날 아침이었다.

아침에 눈을 떴을 때, 그녀는 무한한 행복감을 느꼈다.

"모든 일은 이제 끝이 났다."

이러한 확신이 그녀를 지배했다.

그녀는 그날 변호사로부터 전화를 받았다. 상대측 변호사에게서 연락이 왔는데, 사건을 원만히 해결하기를 희망한다는 내용이었다.

결국, 그 사건은 협상으로 원만히 해결되어 소송이 취하되었다.

수면법

가수면 상태에 들어가면 노력은 최소한으로 압축된다. 가수면 상태에서는 의식하는 마음이 대부분 침전되고 만다. 잠들기 직전과 잠이 깬 직후에는 잠재의식이 최고로 노출되기 때문이다. 이러한 상태에서는, 당신의 소망이 소멸하고, 잠재의식에 의한 수용을 거부하는 부정적인 사고가 이미 존재하지 않기 때문이다.

가령, 당신이 지금의 자신의 좋지 않은 습관이 고쳐지기를 바란다고 가정해 보자. 그렇다면 쾌적한 상태가 되어, 마음을 편안히 갖고 고요를 찾으라. 그리고 가수면 상태로 들어가라. 가수면 상태에 이르러 당신의 소망을 마치 자장가처럼 몇 번이라도 조용히 반복해 말하라.

"나는 좋지 않은 습관으로부터 완전히 벗어나 있다. 완전한 자유와 조화와 마음의 평화가 모든 것을 지배하고 있다."

아침저녁으로 5~10분 동안, 이러한 말을 천천히, 그리고 애정을 섞어 되풀이하라.

이 말을 되풀이할 때마다 정서적 가치가 증대한다. 부정적인 습관을 되풀이하고 싶은 충동이 느껴질 때마다 소리 내어 되풀이하여 보라. 그렇게 함으로써 당신의 잠재의식은 이를 받아들이게 되고, 그 결과 치유의 힘이 나타나게 된다.

감사법

사도 바울은 성경 속에 찬양과 감사의 뜻을 담고, 요구를 표현하도록 권하고 있다.

이렇듯 간단히 기도를 하면 놀라운 결과가 나타난다. 감사하는 마음은 언제나 우주의 창조력에 가까운 것이므로, 작용과 반작용의 우주적 법칙에 따라 무수한 혜택이 기도의 내용 쪽으로 흐르게 된다.

가령, 아들의 졸업 선물로 자동차를 사 주기로 약속한 아버지가 있다고 하자. 이때 그 소년은 아직 자동차를 받은 것은 아니지만, 아버지에게 감사하며 즐거워할 것이다. 그리고 마치 지금 당장 자동차를 선물로 받기라도 한 것처럼 그 자동차를 운전하고 있는 장면을 상상하게 될 것이다. 그야말로 신나기 그지없을 것이다.

아버지가 약속을 잘 지키는 분이라는 것을 알고 있으므로 비록 아직 자동차를 받은 것은 아니지만 그는 감사와 기쁨으로 충만할 것이다. 즉, 그 소년의 마음 속에는 이미 기쁨과 감사의 마음으로 그 자동차를 받아들인 것이다.

이와 같은 방법을 이용하여 블로크 씨가 멋진 성공을 거둔 이야기를 소개해 보겠다.

"각종 청구서는 자꾸만 쌓여 가고, 나는 아직 직장을 구하지 못하고 있다. 그런데 아이가 셋씩이나 있는데 돈은 한 푼도 없다."

블로크 씨는 늘 이렇게 말하곤 했다.

그러나 그는 3주일 동안, 아침저녁 규칙적으로, 그리고 평화로운 자세로 다음과 같이 되풀이하였다.

"하느님, 나에게 허락하신 부富에 대해 감사를 드립니다."

그는 마침내 그 '감사'란 말의 뜻과 감사하는 기분이 자기의 마음을 지배함을 깨달았다. 물론 눈에 보이는 것은 아니었지만, 그는 자기 안에 내재하는 무한한 힘과 지성에 대하여 대화하고 있는 것이라고 상상했다.

그는 정신적인 눈을 통해 보고, 자기의 마음 속에 존재하는 부富에 대한 그림이야말로 자기가 필요로 하는 돈·지위, 또는 음식 등에 대한 그 첫째 원인이라는 것을 깨달았다. 그의 생각과 느낌은 그 어떤 선행 조건에 의해서도 방해되지 않는 부의 실체였다.

"하느님, 감사합니다."

이 말을 되풀이함으로써 그의 마음은 수용점까지 높여졌다. 공포와 결핍·곤고 등에 관한 사고가 마음 속에 들어오면 그는 언제나 이 말을 반복했다.

그는 감사하는 태도를 유지함으로써 자기의 마음이 부를 향하게 된다는 사실을 알고 있었다. 그리고 이를 실현한 것이다.

그의 기도의 영험은 재미있는 것이었다. 이러한 기도를 한 뒤, 그는 20년 동안이나 한 번도 만난적이 없는 이전의 사장을 우연히 길가에서 만나게 되었던 것이다.

그 고용주는 그에게 높은 지위를 주었고 500달러나 되는 큰돈을 가불해 주기까지 하였다.

지금은 그가 그 회사의 부사장 자리에 올라 있다.

그는 언젠가 나에게 이런 말을 들려준 적이 있다.

"'하느님, 감사합니다'라는 기도의 기적을 절대로 잊지 못할 것 같습니다. 그 기도 덕분에 나에게 기적이 일어났으니까요."

긍정법

"기도할 때 횡설수설하지 말라."

이 말 속에 들어 있는 진리와 그 의미를 당신이 이해하고 있느냐 없느냐에 따라 긍정의 효과에는 커다란 차이가 있다. 따라서 당신의 긍정하는 힘은 명확한 긍정의 의미를 알고 이를 응용함으로써 빛을 보게 된다. 가령,

한 학생이 칠판에다 다음과 같은 덧셈을 써 놓았다 하자.

3 + 3 = 7

선생님은 수학적 확실성을 가지고 3 더하기 3은 6이라고 말한다. 그러면 학생은 자기의 계산을 정정한다.

선생님의 말씀이 있었기 때문에 3 더하기 3이 6이 된 것은 결코 아니다. 이것은 처음부터 수학적 진리였던 것이다.

수학적 진리가 그 학생으로 하여금 칠판 위의 계산을 정정케 한 것이다.

병에 걸린다는 것은 정상이 아니며, 건강이야말로 정상이라 할 수 있다.

당신이 자기 또는 다른 사람을 위해 건강과 조화와 평화를 긍정하고, 이것이 자기 자신의 존재에 대한 보편적 원리임을 실감하게 되면, 당신은 자기가 긍정하는 신념과 이해에 기준하여 잠재의식의 부정적인 형태를 수정하게 된다.

현상적인 것에 관계 없이, 생명의 원리에 대하여 당신이 일치하고 있느냐 아니냐에 따라 기도의 긍정적 작용의 결과에 차이가 생긴다. 수학적 원리는 있지만 그릇된 원리는 있을 수 없다는 것을 생각할 필요가 있다. 진리의 원리는 있지만 거짓된 원리는 없다는 것을 알아야 한다. 지성의 원리는 있지만 무지의 원리는 없으며, 조화의 원리는 있어도 부조화의 원리는 없으며, 건강의 원리는 있어도 병든 원리는 없으며, 부富의 원리는 있으나 가난의 원리는 없다는 것을 알아야 한다.

내 여동생이 영국의 한 병원에서 담석 제거 수술을 받게 되었을 때, 나는 동생에게 긍정요법을 이용하였다. 그때 병상에 대한 생명은 병원의 검사와 뢴트겐 사진에 의한 진단에 기준된 것이었다.

여동생은 내게 기도해 달라고 부탁했다. 우리 두 사람은 지리적으로 약 6,

500마일이나 떨어져 있었으나, 마음의 원리에 있어서 시간과 공간이 있을 리 없다.

무한한 마음과 무한한 지성은 거리를 초월하는 동시에, 전체적으로 존재한다. 나는 머릿속에 여동생의 증상만을 생각하고, 형이하학적인 개인에 의한 생각은 일체 하지 않았다.

나도 다음과 같은 사실을 긍정했다.

"이 기도는 여동생 캐더린을 위한 것이다. 그녀는 지금 마음이 편안하며, 평화롭고 침착하며, 밝고 명랑한 기분에 휩싸여 있다. 동생의 내부 기관을 창조한 잠재의식에 내재된 치유력 있는 지성은 그녀의 잠재의식 속에 놓인 기관의 완전한 형태에 따라 몸의 모든 세포나 신경조직, 그리고 뼈를 바꾸고 있다. 동생의 잠재의식 속에 있는 잘못된 생각의 모든 형태는 조용히 제거되고 소멸되며, 생명의 원리부터 시작되는 활력과 건강과 아름다움이 그녀 신체의 모든 원자에 나타나고 있다. 동생은 이제 강처럼 흐르고, 자기에게 완전한 건강과 조화와 평화를 되찾게 해 주는 치유력의 강에 대하여 개방되고 있으며, 또한 이를 받아들이고 있다. 모든 그릇된 마음이나 추한 마음의 그림은 이제 동생의 마음 속에 흐르고 있는 사랑과 평화의 한없는 대양大洋에 의해 씻겨 버렸다. 이것은 사실이다."

나는 하루에도 몇 번씩 이러한 기도를 긍정적으로 되풀이하였다.

그로부터 2주일 후, 여동생의 병이 씻은 듯이 나았다. 뢴트겐 사진에도 아무런 증상이 나타나지 않았다.

이 일에서 느낄 수 있는 것은, '긍정한다'는 것은 '내 모습 그대로를 그린다' 라는 뜻이 담겨 있다. 그리고 이와 같은 정신적인 태도를 진실로 확신하고 유지하는 한, 비록 모든 증거가 그에게 불리하더라도 당신의 기도는 응답을 얻을 것이다.

　당신의 마음은 긍정밖에 모른다. 혹, 당신이 어떤 일에 대해 부정한다 하더라도, 실제에 있어서는 당신이 자기를 부정하는 것에 대한 존재를 긍정하는 것이 된다.

　자기가 지금 무엇을 말하고 있는가, 또한 무엇 때문에 그런 말을 하는가를 안 다음에 그 어떤 긍정을 되풀이하노라면, 당신의 마음은 차츰 자기가 사실이라고 믿고 있는 것을 받아들이는 것과 같은 의식 상태에 이르게 된다.

　만족된 잠재의식의 반응이 있기까지 인생의 진리를 계속 긍정하라.

원리법

　이 방법은 글자 그대로 원리를 이용하는 방법이다.

　이것은 퀸비 박사의 방법에서 유래되었다. 퀸비 박사는 지금부터 약 100년 전 메인 주의 멜퍼스트에 살았으며 그곳에서 개업을 하였다.

　1912년에 출간된 그의 저서 《퀸비 수기手記》는 지금도 구할 수 있다. 이 책에는 병자에 대한 기념요법으로서 퀸비 박사가 거두었던 놀라운 성과에 대한 신문 기사가 실려 있다.

　'퀸비 박사는 성경에 기록된 많은 치유의 기적을 재현해 보였다. 간단하게 말해, 원리법은 마음에 대해 이론적인 투쟁을 일으키는데, 이에 의해 치료자를 납득시키는 것이다. 즉, 자기나 다른 환자들에게, 그릇된 신념이나 근거 없는 공포, 또는 잠재의식 속의 부정적인 형태에 의한 증세임을 납득케 하는 것이다. 치료자는 이를 명석하게 생각하고, 병이 그릇된 사고로 말미암아 나타나는 것임을 이해시킨다. 무언가 외부의 힘이라든가, 외부인에 관한 그릇된 신념으로 인해 병으로 나타난 것이기 때문에, 사고를 변경함으로써 이를 뒤바꿀 수 있다는 것이다.

이처럼 모든 치유의 기초는 신념의 변화에 있다는 것을 환자들에게 설명한다. 잠재의식은 육체와 그 모든 기관을 창조하였으므로 그에 대한 치유 방법을 알고 있다. 치유할 수도 있으며, 지금 이렇게 대화를 나누고 있는 중에도 계속 치유하고 있음을 지적해 준다.

병이란, 병으로 가득 찬 불건전한 마음의 그림자라는 것을 밝혀둔다. 내재하는 치유력은 최초의 모든 기관을 창조하고, 그 중 모든 세포와 신경 조직 등의 완전한 형태를 지니고 있음을 입증하는 그 전부를 모아 나가는 것이다. 그런 뒤에 치료자, 또는 환자에게 유리한 판결을 내리는 것이다.

이처럼 병자는 신념과 정신적 이해에 의해 해방된다.

당신의 마음이 제출하는 증거는 압도적이다. 유일한 정신법에는 존재하지 않으므로, 시술자가 일단 사실로써 받아들인 일은 환자의 체험 속에서 부활한다.'

이것이 메인 주의 퀸비 박사가 1869년에 이용한 원리법의 요점이다.

근대의 음파요법音波療法과 같은 절대법絶對法

세계의 많은 사람들이 이와 같은 형식의 기념요법을 사용하여 대단한 성과를 거두고 있다. 절대법을 이용하는 사람들은 예컨대 존 존스 등과 같이 환자의 이름을 구체적으로 거론하고 조용한 가운데 말없이 신과 신의 성질이나 속성—예를 들면, '하느님은 은혜이며, 무한한 사랑이며, 무한한 지성이시다. 전능하며, 무한한 지혜이며, 절대적인 조화이며, 형언할 수 없는 아름다움이며, 완전이다.' 등과 같이—에 관하여 생각한다.

이렇게 조용히 생각하는 동안 그의 의식은 높아지고 새로운 정신적 파장이 되는데, 이때 하느님의 무한한 사랑은 마음 속에서 하느님을 닮지 않은 모든 것과 기도의 대상이 되고 있는 존 존스의 몸을 용해하는 듯한 느낌이 들게 된다. 모든 신의 힘과 사랑은 존 존스에 대하여 초점이 맞추어지고, 그를 괴롭히고 고통스럽게 하는 것들은 모두 생명과 사랑의 무변해無邊海 앞에 완전히 사라져 가는 것을 느낄 수 있다.

기도의 절대법은 최근 로스앤젤레스의 뛰어난 의사가 나에게 보여 준 음파요법, 즉 음향요법에 비유될 수 있다. 그가 가지고 있는 초음파 장치는 놀라운 속도로 진동하면서 온몸에 음파를 보내는데, 그에 비하면 이 음파는 통제가 가능하며, 이는 관절의 석회질 침전을 용해하거나 그 밖에 갖가지 병상에 대한 치유에 탁월한 효과가 있다고 한다.

하느님의 성질이나 속성을 인식으로써 우리의 의식이 높아지고, 이에 따라 조화와 건강과 평화, 정신적 전자파를 발생케 하는 것인데, 이러한 기도로써 많은 치유 현상이 일어나고 있다.

앉은뱅이가 일어서다

앞에서 다룬 바 있는 퀸비 박사는 하나의 치료 방법으로서 절대법을 이용하게 되었다. 그는 정신·신체 의학의 참된 아버지였으며, 또한 최초의 정신분석학 의사였다. 그는 자기의 천리안에 의하여 환자의 병과 고통 등을 진단하는 능력을 가지고 있었다.

여기 《퀸비 수기》에 실려 있는 실화 하나를 소개한다. 앉은뱅이의 치료에 관한 이야기이다.

어느 날 퀸비 박사는 다리가 마비되어 늘 침대에 누워 있을 수밖에 없는 한 할머니로부터 방문 요청을 받았다. 할머니를 방문한 퀸비 박사는, 이 할머니의 병은 마음가짐에서 비롯된 것이라고 말했다. 궁색하고 협소한 신조의 포로가 됨으로써 이 할머니는 일어나 걸어다닐 수 없게 된 것이라고 말한 것이다.

아닌게 아니라, 그 할머니는 공포와 무지라는 무덤 속에서 살고 있었다. 또한 성경을 문자 그대로 받아들여 그에 대한 두려움을 느끼고 있었던 것이다.

퀸비 박사는 이렇게 말했다.

"이 무덤 속에도 밧줄을 끊고, 속박을 깨며, 죽은 자 가운데서 일어나려는 하느님의 존재와 힘이 있는 것입니다."

사연인즉, 그 할머니가 누구에겐가 어느 성경 문구를 놓고 설명을 요청했을 때 대답은 둘이었다. 이로써 할머니는 생명의 빵을 잡게 된 것이다.

퀸비 박사는, 할머니의 증세는 자기가 읽고 있던 성경 문구를 분명히 이해할 수 없는 데서 생긴 자극과 공포에 의한 정신상의 혼탁 정체라고 진단을 내렸다. 이것이 몸 속에서 무겁고 짜증스러운 기분으로 나타나 마침내 마비 상태에까지 이른 것이었다.

퀸비 박사는 할머니에게 성경 중에서 〈요한 복음〉 제7장 33~34절을 읽어 주었다.

'예수께서 이르시되, 내가 너희와 함께 조금 더 있다가 나를 보내신 이에게로 돌아가겠노라. 너희가 나를 찾아도 만나지 못할 터이요 나 있는 곳에 오지도 못하리라.'

그러고는 이 성경 구절이 무엇을 뜻하는지를 할머니에게 물었다.

할머니는 박사의 물음에 이렇게 대답했다.

"그것은 예수님께서 하늘 나라로 가시겠다는 뜻이지요."

퀸비 박사는 그 참된 뜻을 설명해 준 다음, '내가 너희와 함께 조금 더 있다가'라는 성경 구절을 '예수님이 나와 함께 조금 더 있다가'로 해석하면 할머니의 증상과 감정, 그리고 병의 원인을 알 수 있다고 설득했다. 다시 말해, 퀸비 박사는 그 할머니에게, '얼마간은 동정할 수 있지만, 항상 그렇게 할 수는 없다'고 말해 주었던 것이다.

다음 단계는 '나를 보내신 이에게로 돌아가겠노라'라는 구절의 뜻이었는데, 이에 대해 퀸비 박사는, '이 말은 우리 모두의 안에 계신 하느님의 창조적인 힘을 말하는 것'이라고 지적했다.

퀸비 박사는 마음 속에서 여행을 하고, 병자의 몸 속에서 움직이고 있는 하느님의 활력과 지성과 조화, 그리고 힘에 관하여 명상했다.

퀸비 박사는 할머니에게 말했다.

"'너희가 나 있는 곳으로 오지도 못한다'라는 뜻은, 할머니가 너무나 협소하고 궁색한 신념에 사로잡혀 있기 때문에 예수님에게로 갈 수 없다는 뜻입니다. 지금 할머니는 건강합니다."

퀸비 박사의 기도와 설명이 끝나자 할머니는 즉각 흥분하면서 엄청난 변화를 일으켰다. 지팡이도 없이 일어나 걸을 수 있었던 것이다.

그 후 퀸비 박사는 그때를 회고하면서 이렇게 말했다.

"할머니를 치료한 것은 가장 보람되고 눈부신 일이었다."

할머니는 이른바 죽을 자로서 자신의 잘못을 모르고 있었던 것이다. 따라서 이 할머니로 하여금 생명이 있는 곳으로 되돌아오게 하고, 진리를 찾게 한 것은 죽은 자들 가운데서 부활시킨 것과 같은 것이었다.

퀸비 박사는 그리스도의 부활을 인용하고, 이를 그녀 자신의 그리스도, 즉 건강에다 적용한 것이다.

이것은 곧 할머니에게 강력한 영험을 나타내었다. 퀸비 박사는 또한 그녀가 받아들인 진리는 천사였다고 말했고, 그 천사 할머니의 사고가 공포와 무지와 미신의 힘을 제거하고 하느님의 치유력을 해방함으로써 병을 낫게 한 것이라고 설명하고 있다.

단정법斷定法

말에 힘이 들어가는 것은 그날의 감정과 신념에 의해서이다. 세계를 움직이는 힘은 모두를 위하여 작용하며, 우리가 한 말을 지지해 주고 있다는 사실을 깨달을 때 우리는 자신과 확신을 가지게 된다.

힘 자랑하는 것도 아니며, 힘에다 힘을 가하는 것도 아니다. 따라서 마음 속에 노력·강제·폭력·격투 등이 있어서는 안 된다.

어떤 처녀가, 자기에게 하루에도 몇 번씩 전화를 걸어와 데이트를 강요하더니 끝내는 직장으로까지 찾아오는 한 젊은 청년에게 단정법을 이용하였다. 그 처녀는 그 청년과의 관계를 끊는 일이 얼마나 어려운 일인가를 깨닫고 잠재의식에 대해 다음과 같이 명령했다.

"나는 ○○ 씨를 하느님에 대하여 해방시켜 줄 것이다. 그는 언제나 자기의 위치에 있을 것이다. 나도 자유이며, 그 또한 자유이다. 나는 지금 나의 이 말이 무한한 정신에 의해 받아들여지고 그것이 실현되도록 명령한다."

그녀의 말에 의하면, 그 후부터 그 청년의 모습은 보이지 않았고, 다시는 만날 수도 없었다고 한다. 그리고 그녀는 이렇게 덧붙였다.

"그것은 마치 대지大地가 그를 집어삼킨 것과도 같았습니다."

"네가 무엇을 경영하면 이루어질 것이요, 네 길에 빛이 비춰리라."

〈욥기〉 제22장 28절

과학적 진리를 이용하자

① 마음의 기사技師가 되고 증명을 끝낸 방법을 이용하여 보다 웅대하고 위대한 인생을 건축하라.

② 당신의 소망은 바로 당신의 기도이다. 당신의 소망이 이루어진 모습을 마음 속으로 그리고, 그것이 실존함을 실감하라. 그러면 당신은 기도가 성취된 기쁨을 체험하게 될 것이다.

③ 마음의 과학이 확실한 원조를 받아 달성되기를 기원하라.

④ 당신의 숨겨진 스튜디오에서 생각하는 바로 그 생각에 의해 당신은 충실한 건강과 성공, 그리고 행복을 쌓아 올릴 수 있다.

⑤ 계속해서 과학적 실험을 해 나가면, 의식적으로 생각하는 일에 대해 항상 잠재의식의 무한한 지성으로부터의 응답이 있다는 것을 당신 자신이 확증하게 될 것이다.

⑥ 당신의 소망이 틀림없이 성취될 것을 예견하고, 거기에서 비롯되는 기쁨

과 평온을 느끼도록 하라. 당신이 마음 속에 그리는 모든 그림은 소망하는 것의 실체이며, 보이지 않는 것의 증거이다.

⑦ 마음 속의 그림은 천 마디 말보다 낫다. 신념이 뒷받침된 마음의 그림은 모두 잠재의식에 의해 실현된다.

⑧ 기도할 때는 절대로 마음을 강제로 쓰거나 힘을 과시하지 말라. 자기의 기도가 성취될 것을 믿고 실감하라. 평화로운 가수면 상태에서 마음을 편안히 하고 잠들도록 하라.

⑨ 감사하는 마음은 늘 우주의 부富에 근접해 있다는 것을 잊지 말라.

⑩ 긍정한다는 것은 그것을 그런 것이라고 생각하는 것과 같다. 당신이 이와 같은 마음의 태도가 옳다고 단언할 수 있다면—비록 겉으로는 보이지 않지만—언젠가는 당신의 기도에 응답이 있을 것이다.

⑪ 하느님의 사랑과 영광을 생각하고, 조화와 건강과 평화의 전자파를 일으키도록 노력하라.

⑫ 당신이 마음 속으로 진실이라고 단정하고 실감하는 것은 모두가 반드시 실현된다. 따라서 조화와 건강, 그리고 평화와 부富를 단정하고 실감하라.

07

잠들기 전에 잠재의식에
일거리를 남겨라

The Power of your subconsious mind

정신 생활의 90퍼센트는 잠재의식이다. 때문에 이처럼 놀라운 힘을 이용하지 못하는 사람들은 극히 제한된 생활을 하고 있는 셈이다.

잠재의식의 작용은 언제나 생명을 지향하고 건설적이다.

당신의 잠재의식은 당신의 육체에 있어서 건축가이며, 그 중요 기능을 전부 유지시키는 힘이 있다.

그것은 하루 24시간 동안 작업을 계속하며, 한시도 멈추는 법이 없다.

그것은 언제나 당신을 돕고 있으며, 위험으로부터 당신을 지키기 위해 노력하고 있다.

당신의 잠재의식은 무한한 생명, 무한한 지혜와 끊임없이 연락을 취하고 있으며, 그의 충동과 사고는 항상 생명을 지향하고 있다.

위대한 야심과 영감, 그리고 보다 위대하고 고귀한 생활의 비전 등은 항상 잠재의식으로부터 나타난다.

깊은 확신은 의식하는 마음에서 싹트는 것이 아니라 잠재의식으로부터 나온다.

잠재의식은 당신에게 직감·충동·예감·욕구·아이디어 등의 형태를 갖추고 당신과 대화하고자 한다.

잠재의식은 당신에게 늘 발전하고 탁월하며, 성장하고 전진하며, 모험하고 보다 높은 곳으로 나아갈 것을 요구한다.

남을 사랑하고 남을 구하고자 하는 욕구는 잠재의식의 가장 깊은 곳에서 나온다. 가령, 1906년 4월 18일의 샌프란시스코 대지진 때, 용기와 인내가 없이 결코 할 수 없는 일들을 오랫동안 자리에 누워 있던 병자와 앉은뱅이가 나서서 훌륭히 해냈는데, 이는 어떻게 해서든지 남을 구하고 싶다는 강렬한 욕구가 그들의 마음 깊숙한 곳에서 솟아올라 그들의 잠재의식에 반응한 것이다.

위대한 화가나 음악가, 시인이나 작가 등은 자기의 잠재의식과 때를 맞추어 그에 고무되고 또한 영감을 얻는다.

스티븐슨은 잠자리에 들기 전에 잠재의식에 일거리를 남겼다. 즉, 자기가 잠들어 있는 동안, 이야기의 줄거리를 엮도록 했다. 스티븐슨은 자기의 은행 예금 잔고가 바닥나면, 재미있고 잘 팔릴 수 있는 작품을 공급해 달라고 자기의 잠재의식에 부탁하곤 했던 것이다.

스티븐슨은 이렇게 말했다.

"나의 마음 속 깊은 곳에 있는 지성은 나에게 하나하나 이야기 소재를 제공해 주었다."

이 한 예를 보더라도 당신의 잠재의식은 의식하는 마음이 전혀 알지 못하는 보다 고귀한, 그리고 현명한 줄거리를 엮어낸다는 것을 알 수 있다.

"나는 평생 동안 한 번도 일을 해 본 적이 없다."

그의 유머나 위대한 저작은 잠재의식이라는 무한한 저장고에서 공급되었던 것이다.

육체는 마음의 움직임을 찍어낸다

의식하는 마음과 잠재의식 간의 상호 관계는 그에 부응하는 신경 조직에도 그와 같은 상호 관계를 필연적으로 낳게 한다.

뇌척수계腦脊髓系는 의식하는 마음의 기관이며, 교감신경계는 잠재의식의 기관이다. 뇌척수계는 오관에 의해 의식적인 지각을 받아들이며, 또한 육체의 운동을 제어하는 통로이다. 이 계통은 신경을 지니며, 유의적有意的·의식적인 마음의 활동을 위한 통로가 되어 있다.

교감신경계를 때론 불수의不隨意신경계라고 부르기도 하지만, 그 중심은 태양신경총太陽神經叢으로 알려져 있는 위胃 배후의 신경절총 속에 위치한다. 그래서 때론 복부의 두뇌라고도 불리는데, 이는 몸의 중요 기능을 무의식적으로 받치고 있는 마음의 활동에 대한 통로인 것이다.

이 두 신경계는 서로 떨어져서 작용할 때도 있고, 동시에 작용할 때도 있다.

토머스 트로워드 판사는 다음과 같이 말하고 있다.

"미주신경迷走神經은 수의계隨意系의 일부로서 두뇌로부터 나왔으며, 우리는 그에 의하여 발성 기관을 통제한다. 또 그것은 흉강으로 뻗쳐, 심장과 폐에 대하여 지맥支脈을 치고 있다. 마지막으로, 횡경막을 통과하여 수의계 신경의 특징인 외피外皮를 잃고 교감계 신경과 같은 것이 된다. 이렇게 하여 양계兩系의 연환連環이 성립되고, 인간은 육체적인 한 개의 실재가 되는 것이다."《마음의 과학에 관한 에딘바라 강연집》, 뉴욕, 로버트 맥브라이드사 발행, 1909년

"같은 모양으로서 두뇌의 갖가지 영역은 마음의 객관적 활동과 주관적 활동 간에 서로 연락이 있음을 나타내고 있다. 그리고 뇌의 전두부前頭部는 마음의 객관적인 활동을 분담하고, 후두부는 주관적인 활동을 분담하며, 그 중간부는 양쪽의 성질을 반반씩 분담하고 있다."

마음과 몸의 상관 관계를 비교적 간단히 볼 수 있는 방법은 다음과 같다.

의식하는 마음이 어떤 생각을 일으키면 그에 반응한 진동이 수의신경계에 일어나고, 그것이 이번에는 불수의신경계에 같은 흐름을 일으키게 한다.

이렇게 해서 본래의 생각이 창조의 매체인 잠재의식에 전달된다.

이런 과정을 거쳐 당신의 의식하는 마음은 하나의 형태를 갖추게 된다.

당신의 의식하는 마음이 포용하여 사실로서 받아들인 모든 사고는 뇌로부터 잠재의식의 두뇌라고도 하는 태양총으로 보내지고 당신의 살이 되어 현실로서 당신의 세계 속에 탄생하는 것이다.

당신에게는 신체를 돌보는 지성이 있다

세포의 조직이나 눈·귀·심장·간장·방광 등의 기관 구조를 살펴보면, 이 모두가 집단의 지성을 가지는 세포군으로 이루어진 것임을 알 수 있다. 그것은 그 집단의 지성에 의해 협력하고, 지도자의식하는 마음가 내리는 암시에 따라 명령을 받고 실행에 옮긴다.

단세포 동물을 주의 깊게 연구해 보면 당신의 체내에서 일어나고 있는 일들을 알 수 있다. 단세포 동물은 기관을 갖고 있지 않지만, 운동·영양 흡수·동화·배설 등을 진행하는 정신적인 작용과 반작용이 있다.

이를 보고 많은 사람들은, 그대로 방치해 둔다고 해도 신체를 돌보는 지성이 있다고 주장하기도 하는데, 이것은 사실이다. 단지 여기서 집고 넘어가야 할 문제는 의식하는 마음이 언제나 외관에 기준한 오관의 증거를 가지고 개입하고, 그릇된 신념이나 공포, 또는 단순한 의견에 불과한 것에 주도권을 넘겨 버린다는 사실이다.

공포나 그릇된 신념, 부정적인 형태가 심리적·정서적인 조건으로 당신의 잠재의식에 기록되면, 잠재의식으로서는 자기에게 주어진 설계도대로 할 수밖에 별다른 방법이 없다.

잠재의식은 그 자체의 생명을 지니고 있다

당신에게 내재하는 주관적인 자기는 삼라 만상의 배후에 있는 본연의 조화 원리를 반영하고, 일반적인 선善을 위하여 끊임없이 작용한다.

잠재의식은 그 자신의 의지를 지니고 있으며, 그 자체 또한 지극히 현실적이다. 그것은 당신이 시동을 걸든 걸지 않든, 밤낮 쉼없이 작용한다. 잠재의식은 당신 육체의 건축가인 것이다.

그러나 이 모든 것은 묵묵한 과정이며, 따라서 이와 같은 건축 과정은 눈에 보이지도 않고 귀에 들리지도 않는다.

잠재의식은 그 자체의 생명을 지니며, 언제나 조화와 건강과 평화를 향해 전진한다. 잠재의식은 그 속에 있는 하느님의 규범이 24시간 당신을 통해 나타나는 모습인 것이다.

당신은 부정적인 사고나 상상을 거절할 수 있다

과학적으로 올바르게 생각하기 위해서는 우선 '진리'를 알아야 한다.

진리를 안다는 것은, 언제나 생명을 지향하는 잠재의식의 무한한 힘과 지성에 협조하는 것을 의미한다.

무지에 의해서든, 또는 이미 알고 있는 지식에 의해서든, 비조화적인 사고나 행위는 그 모두가 결과적으로 여러 가지 종류의 불화나 결핍이 된다.

과학자들에 의하면, 우리의 몸은 11개월에 한 번씩 재건된다고 한다.

따라서 육체적인 견지에서 볼 때, 당신은 11개월짜리 갓난아기에 불과하다. 이런 자기의 육체에 공포·노여움·전투·악의 등을 지님으로써 또다시 결함을 만들어 놓는다면 그것은 모두 당신의 책임이다.

당신은 당신 자신이 생각하고 있는 그 자체이다. 당신은 부정적인 사고나 상상을 거절할 수 있다. 어둠을 이겨내려면 빛이 필요하다. 추위를 이겨내는 데는 열이 필요하듯이, 부정적인 사고를 이겨내려면 보다 좋은 사고로 대체해야 한다. 마음 속으로 좋은 일을 긍정하면 모든 나쁜 일들은 자연히 소멸된다.

생명의 법칙은 곧 성장의 법칙이다

대체로 처음 태어난 아기는 튼튼하고 그의 모든 기관은 완전하게 활동한다. 이것이 정상적인 인간의 상태이다. 따라서 인간은 건강하고 활력에 넘치며 튼튼해야 하다.

개체 유지의 본능은 인간의 천성 중에서 가장 강력한 본능이다. 이 본능은 인간의 본성에 기초한 것이며 지극히 강력하다. 또한 그것은 널리 퍼져 있는 진리인 것이다.

당신의 모든 사고나 아이디어, 그리고 신념 등이 선천적으로 당신에게 부여되는 원리, 즉 모든 면에 있어서 당신을 보호하고 방어하려는 이 원리에 동조하며 작용할 때 더욱 성장하는 것만은 사실이다.

이상 상태를 초래하기보다는 정상 상태를 유지하는 것이 보다 확실한 회복에 도움이 크다는 것을 알아야 한다.

병이 든다는 것은 곧 이상 조짐의 시작이라고 할 수 있다. 그것은 생명의 흐름에 역행하고, 부정적인 사고를 뜻하기 때문이다.

생명의 법칙은 곧 성장의 법칙이다. 대자연이 이를 증명한다. 그것은 조용히 부단하게 성장법칙이라는 형태로써 자기 표현을 하고 있는 것이다.

성장과 표현이 있는 곳에 완전한 건강이 있다. 당신이 생각하고 있는 것이 잠재의식의 창조적 원리와 조화를 이루고 있다면, 당신은 자기 고유의 원리와 협조하는 것이 된다. 조화의 원리와 불일치하는 사고를 지니고 있으면, 그와 같은 사고는 당신에게 고통과 괴로움을 가져다 준다. 그리고 결국, 당신의 심신에 병을 일으키고, 심할 경우 당신을 죽음의 길로 몰아넣기도 한다.

당신의 병을 고치려면 잠재의식의 생명력을 당신의 체내에 보다 많이 공급해야 한다. 그러자면 우선 당신의 마음 속에 있는 공포·근심·불안·질투·증오, 그리고 그 외의 파괴적인 사고를 제거하여야만 한다. 이와 같은 부정적인 사고는 노폐물의 제거를 관장하는 신체 조직인 신경이나 선膳을 산산이 파괴해 버리기 때문이다.

긍정의 힘으로 척추결핵을 치유하다

《노티러스》라는 잡지의 1917년 3월호에 포토씨 병, 즉 척추결핵에 걸린 소년을 치료한 놀라운 이야기가 실려 있는 것을 읽은 적이 있다.

인디애나폴리스에 사는 앤드류즈라는 소년에 대한 이야기였다그 소년은 지 금 캔자스 시티에서 목사 일을 맡고 있다.

의사는 그 소년의 병을 불치라고 진단했다.

소년은 과학적인 치료를 단념하고 기도를 시작했다. 그런데 등이 굽은 꼽 추이며 엎드려 기어다녀야 하는 앉은뱅이 소년이 튼튼하고 자세 바른 균형 된 청년으로 변모했던 것이다. 그는 기도 중에 자기 자신의 긍정을 창조하고, 자기가 필요로 하는 성질의 잠재의식에 흡수했던 것이다.

그는 하루에도 몇 번씩 다음과 같은 말을 되풀이하였다.

"나는 건강하며 튼튼하다. 활력과 애정이 있으며, 따라서 조화적이고 행 복하다."

그는 이렇게 자기 자신을 긍정했던 것이다.

그는 한번 시작한 일은 끝을 보고야 마는 끈기가 있었다.

그의 기도는 하루를 여는 최초의 말이었으며, 하루 일과를 마감하는 마 지막 말이었다.

그는 또한 사랑과 건강에 대한 사고로써 남을 위해서도 기도를 했다.

그와 같은 마음가짐과 기도는 그 몇 배가 되어 그에게로 돌아왔다. 그의 신념과 인내는 그에게 엄청난 이익을 지불했던 것이다.

공포와 증오, 질투와 시기 등에 주의가 이끌렸을 때, 그는 즉각 자기 마 음 속에 있는 긍정의 힘으로 이를 제거하기 시작했고, 잠재의식은 그의 습 관적인 생각이나 성질에 대답해 주었다.

"가라, 네 믿음이 너를 구원하였느니라."

확고한 신념이 당신의 병을 치유한다

한 청년이 눈병에 걸렸다. 그는 수술을 받아야 한다는 의사의 진단을 받고 잠재의식에 관한 나의 강연을 듣기 위해 찾아왔는데, 내 강연을 듣고는 스스로에게 말했다.

"내 눈을 만들어 준 잠재의식이 틀림없이 내 눈병을 고쳐 줄 것이다."

매일 밤 잠자리에 들기 전, 그는 가수면 상태로 명상에 몰입했다.

그의 모든 주의력은 안과 의사에게로 집중되었다. 안과 의사가 자기 앞에 있다고 상상했다. 그리고 의사가 자기에게, "기적이 일어났습니다."라고 말하는 것을 현실감 있게 마음 속으로 상상했다.

그 청년은 매일 밤 잠자리에 들기 5분 전에 이와 같은 상황을 몇 번이고 상상했다.

그로부터 3주일 후에 그는 지난번에 자기의 눈을 검사했던 안과 의사를 찾아갔다.

"기적이 일어났습니다."

과연 그것은 무엇을 뜻하는 것일까?

그는 의사를 도구로 하여, 즉 잠재의식으로 하여금 납득케 한 것이다. 다시 말해, 잠재의식에 사고思考를 보내는 방법을 써서 이를 잠재의식에 새겨 놓은 것이다.

그는 신념과 기대감에 찬 사고를 자기의 잠재의식에 반복적으로 불어넣었다.

"잠재의식이 나의 눈을 만들어 주었다."

이로써 그의 잠재의식은 그의 눈을 치료하기 시작하였던 것이다.

이는 잠재의식의 치유력에 대한 확고한 신념이 병을 치유하는 또 다른 한 예이다.

요점의 복습

① 당신의 잠재의식은 당신 육체를 만드는 건축가이다. 그 잠재의식은 하루 24시간 동안 계속 작용하고 있다. 부정적인 사고를 하면, 당신은 당신에게 생명을 부여해 준 이 원형原型에 간섭하는 것이 된다.

② 잠자리에 들기 전, 어떤 문제에 대한 해결책을 잠재의식에 맡겨라. 그러면 잠재의식은 해답을 제시해 준다.

③ 당신의 사고에 주의를 기울이라. 그것이 어떤 것이든, 일단 사실이라고 받아들인 것은 뇌로부터 '복부의 뇌'라고 불리는 태양신경총으로 보내어져 현실 속의 사실로서 당신의 세계에 나타나게 된다.

④ 당신의 잠재의식에 새로운 설계도를 부여함으로써 자기를 재생할 수 있다는 사실을 알아야 한다.

⑤ 당신의 잠재의식은 항상 생명을 지향하고 있다. 잠재의식에는 올바른 전제를 주입하여야 한다. 잠재의식은 항상 당신이 습관적으로 생각하고 있는 그 형태에 따라 재현한다.

⑥ 당신의 몸은 11개월마다 한 번씩 바뀌고 있다. 당신의 생각을 바꾸고, 바뀐 그대로 유지함으로써 당신의 육체를 바꾸게 하라.

⑦ 건강한 것이 정상이고 병은 비정상이다. 조화의 선천적 원리가 내재하고 있는 것이다.

⑧ 질투·두려움·근심·불안 등은 신경이나 내분비선을 모조리 파괴하여 온갖 정신적·육체적 질병의 근원을 이룬다.

⑨ 당신이 의식적으로 긍정하고 그에 대해 확신할 때, 그것이 당신의 심신에 현실로서 나타나게 된다. 나쁜 일보다는 좋은 일을 긍정하라. 그렇게 함으로써 보다 즐거운 인생을 창조해 나가도록 하라.

08

신념과 신뢰로써
자신의 요구를 이끌어라

The Power of your subconsious mind

흔히 실패를 겪는 이유는 자신감 결여와 힘이 과중된 데 있다. 많은 사람들이 잠재의식의 작용을 충분히 이해하지 못해 기도하기를 거부하고 있는 것이다.

당신은 마음의 작용에 대해 알면 상당한 자신감을 갖게 될 것이다. 잠재의식은 일단 어떤 것을 사실로 받아들이게 되면 언제나 즉각적으로 이를 실행에 옮긴다.

잠재의식은 그 목적을 달성하기 위하여 모든 강력한 방책을 이용하여 마음 깊은 곳에 있는 모든 정신 법칙을 동원한다. 이 법칙은, 그 생각이 좋든 나쁘든 동일하게 적용된다. 따라서 그 이용 방법이 잘못되면, 질병이나 실패, 또는 혼란 등을 초래하게 된다. 반대로, 이를 건설적으로 이용하면, 자유와 마음의 평화를 기약할 수 있다.

당신이 생각하는 바가 적극적이며 건설적이어서 사랑에 넘쳐 있으면 필연적으로 옳은 생각을 얻게 된다.

이렇게 볼 때, 당신이 성공을 바란다면, 당신의 바람이 당장 실현된다는 생각을 잠재의식으로 하여금 받아들이게 하면 된다는 것을 알 수 있다. 그러면 그 나머지는 당신의 마음의 법칙이 처리해 준다.

신념과 신뢰로써 당신의 요구를 인도하라. 그러면 당신의 잠재의식은 이를 흔쾌히 받아들이고, 당신을 대신하여 해답을 내려 줄 것이다.

당신의 마음을 강제적으로 이용하려고 하면 성과보다는 실패하기가 쉽다. 잠재의식은 강제성이 있는 마음에는 반응을 보이지 않으며, 신념과 의식하는 마음이 받아들인 사실에 대해서만 답해 주기 때문이다.

만일 당신이 당신의 일에 있어서 어떠한 성과를 올리지 못하고 있다면 그것은 당신이 일방적으로, "사태가 너무 악화되고 있다"라든가, 또는 "응답이 없을 거야"라고 말한다든가, "해결책이 없다", "이제 모든 것은 절망적이야", 혹은 "도무지 어떻게 해야 좋을지 그 방법을 모르겠다" 등등의 말을 입에 담기 때문이다.

이런 말을 입밖에 내게 되면, 잠재의식으로부터 어떠한 도움도 받을 수 없게 된다. 그것은 마치 제자리걸음을 하고 있는 병사와도 같아서 전진도 후퇴도 하지 못한다. 즉, 전혀 효과가 없다는 것이다.

만일 당신이 택시 안에서 운전사에게 목적지를 분명히 대지 않고 이곳저곳 횡설수설하게 되면, 그 운전사는 아마 완전히 혼란을 일으켜 당신의 승차 자체를 거북스럽게 생각할 것이다.

잠재의식 역시 이와 마찬가지다.

우선 당신의 머릿속에 어떤 확고한 생각을 심어야 한다. 만일 당신이 병자라면, 돌파구가 있다는 생각, 해결책이 있으리라는 확고한 신념이 있어야 한다.

잠재의식에 내재되어 있는 무한한 지성만이 그에 대한 해답을 알고 있다. 의식하는 마음 속에서 명확한 결론에 도달하면, 당신은 당신이 결심한 바로 그 상태에 이르게 되고, 그와 같은 신념에 응하여 당신의 소망이 이루어지는 것이다.

최후의 결과를 믿으라

어느 집 주인이 난방 수리공으로부터 200달러의 난방 수리비 청구서를 받고 그에게 따지자, 수리공은 이렇게 대답했다.

"난방 기구에 들어간 부속 값은 5달러에 불과합니다. 그 나머지 195달러는 어디가 고장났는지 찾아낸 값입니다."

이와 마찬가지로, 당신의 잠재의식은 뛰어난 숙련공으로서, 당신 육체의 모든 기관을 치유하는 방법과 수단을 알고 있는 전지 전능한 인물이다.

"나는 건강하다"고 단언하라. 그러면 잠재의식이 당신에게 건강을 선물할 것이다. 이때 필요한 것은, 언제나 마음을 편안히 가져야 한다.

"마음을 느긋하게 하라."

작은 일, 즉 아주 하찮은 일에 마음을 써서는 안 된다. 최후의 결과를 믿어야 한다. 당신이 당면한 문제가 건강이든, 돈이든, 직장이든, 그 문제의 대단원을 당신 자신이 실감할 수 있어야 한다.

중병으로부터 해방되었을 때의 기분을 생각해 보라.

실감, 그것이야말로 언제나 잠재의식이 실현해 주는 경우의 시금석이라는 사실을 염두에 두도록 하라.

당신의 바라는 새로운 생각은 이미 달성된 상태에 있다고 주관적으로 느낄 수 있어야 한다. 더구나 내일이라는 미래가 아니라 현재 실현되고 있다고 생생하게 느껴야만 하는 것이다.

반대자를 예상하지 말고, 의지력이 아닌 상상력을 이용하라

잠재의식을 이용할 때 반대자를 예상하거나 의지력을 이용해서는 안 된다. 다시 말하면, 자유로운 상태를 예상하여야만 한다. 지성이 끼어들려고 하겠지만, 단순하고 천진 난만한 어린이와 같은 정신 상태에서 기적을 일으키는 신념을 마음 속에 지니도록 하라.

자기에겐 전혀 병도 없고 어려운 문제도 없다는 평화로운 상태를 마음 속에 그리도록 하라. 당신의 욕구하는 바가 자유로운 상태가 되면, 어떤 감정이 따를 것인가를 상상하라. 이 과정에서 까다로운 일들은 일체 생략하는 것이 좋다. 단순한 상태, 그것이 최선이다.

과학적 상상력은 기적을 일으킨다

번들번들 광택이 날 정도로 잘 닦여진 상상력, 즉 과학적 상상력을 이용함으로써 우리는 잠재의식의 기적과도 같은 응답을 들을 수 있다.

앞서 말한 바와 같이, 잠재의식은 육체의 건축가이며, 또한 육체의 모든 중요 기능을 지배한다.

성경은 다음과 같이 가르치고 있다.

"믿음 가운데 기도하면, 원하는 바 모두를 얻을 수 있으리라."

믿는다는 것은 어떤 것을 사실로 받아들이는 것, 그리고 그렇게 된 상태에서 생활하는 것을 가리킨다. 이러한 기분을 유지할 때 당신은 기원이 성취된 기쁨을 맛보게 될 것이다.

기원이 이루어지기까지의 3단계 법칙
대체로, 기원이 이루어지기까지의 3단계는 다음과 같다.

첫째, 자기에게 주어진 문제를 살핀다.
둘째, 잠재의식만이 알고 있는 해결책을 구한다.
셋째, 기원이 이루어졌다는 깊은 확신을 갖고 마음을 편안히 갖는다.

'병이 나았으면 좋겠는데…….' 또는 '나을 거라고 생각해요.' 등과 같은 당신의 기원을 약화시키는 말을 해서는 안 된다. '이루어질 것'이라는 미약한 희망보다는 '반드시 이루어진다'는 확신이 있어야 한다.

건강은 자기 것이라고 확신해야 한다. 잠재의식이 무한한 치유력의 매개체가 됨으로써 예지를 얻도록 하라. 건강이라는 사고를 잠재의식에 인도하고 이를 마음 속 깊이 확신해야 한다. 그런 뒤에 마음을 편안히 갖도록 하라. 이것저것 잡다한 것들에 신경 쓰지 말고, 자기가 원하는 상태나 환경 등에 대하여 말하라.

"반드시 내가 원하는 대로 될 것이다."

마음을 편안히 가짐으로써 잠재의식에 각인되고, 그 결과, 그 뒤에 있는 역학적 에너지가 이를 받아들여 구체적으로 실현에 옮기게 되는 것이다.

자신 없는 생각은 자신을 해칠 수 있다

　지금으로부터 약 40여 년 전, 미국을 방문했던 유명한 심리학자 '쿠에'는 역노력의 법칙을 다음과 같이 정의했다.

　"욕구와 상상력이 서로 경쟁을 벌일 경우, 반드시 상상력이 승리하게 된다."

　가령, 마룻바닥 위에 널빤지를 깔아 놓고 그 위를 걷는 일은 누구나 쉽게 할 수 있다. 그러나 이 널빤지를 지상 30피트 높이의 벽과 벽 사이에 걸쳐 놓는다면, 과연 당신이 그 위를 걸어갈 수 있겠는가? 아마 떨어질지도 모른다는 상상과 공포심으로 말미암아 그 위를 걷고 싶은 욕구가 싹 달아날 것이다. 당신의 머리를 지배하고 있는 상상, 당신이 30피트 상공의 널빤지 위에서 떨어지는 모습이며, 그 장면에 대한 상상이 승자의 위치를 점하는 것이다. 널빤지 위를 걷고자 하는 욕구와 의지, 그리고 노력은 역으로 작용하고, 아마 떨어질지도 모른다는 상상이 더욱 압도적으로 강력해지는 것이다.

　이처럼 마음의 노력은 언제나 자기 자신을 파괴하고, 끝내는 자기가 바라는 것과는 정반대의 일을 야기하는 것이다. 그와 같은 상황을 이겨 낼 힘이 없다는 암시가 마음을 지배한다.

　잠재의식은 서로 모순되는 두 가지 명제 가운데서 보다 강한 쪽을 받아들인다. 그렇기 때문에 지나친 힘을 가하지 않는 방법이 바람직하다.

　"병이 완쾌되기를 바라지만, 그것은 아마 불가능할 거야."

　"그만한 노력을 기울일 수 없어."

　"억지로 기도하고 있어."

　"의지의 힘을 짜내고 있다."

　이와 같은 자신 없는 생각은 결코 당신에게 도움을 주지 못하며, 오히려 당신을 해치는 경우가 된다.

따라서 분명히 해서는 안 될 일이 있는데, 그것은 잠재의식에 대하여 의지의 힘을 이용하여 자기 생각을 받아들이게 해서는 안 된다. 그와 같은 시도는 실패를 전제로 하는 것이나 다름이 없다. 그리고 그것은 오히려 자기가 기원하고 있는 바와 전혀 다른 반대 효과가 나올 것이다.

다음의 예는 극히 흔한 체험이라고 할 수 있다.

학생이 문제를 풀기 위해 시험 문제지를 읽고 있을 때, 갑자기 머릿속이 텅 빈 상태가 되어 문제와 관계된 어느 것도 생각해 낼 수 없을 때가 있다. 이럴 때 아무리 의지력으로 그 시험 문제를 풀려고 노력해 본들, 오히려 그 해답은 더욱 멀리 달아나는 기분이 든다.

그런데 막상 그 시험장을 나와서 억압되었던 마음이 풀리면 어떻게 되는가? 시험장에서 그렇게 애써 풀려고 해도 풀 수 없었던 것들이 하나하나 얄미울 정도로 머릿속에 떠오를 것이다.

억지로 생각해 내려던 그 자체가 결국은 실패의 원인이었던 것이다. 이것은 바로 자기가 희구하고 기도했던 사실과는 정반대 효과가 나타나는 역노력 법칙의 한 예인 것이다.

잠들기 직전에 자기 소망 성취의 광경을 상상하라

정신력을 사용한다는 것은 그 역기능이 있음을 전제로 한다. 만일 어떤 문제를 극복하는 수단으로 온 마음을 집중시킨다면, 그때는 이미 장해와는 전혀 무관한 것이 된다.

〈마태복음〉 제18장 19절에는 다음과 같이 가리키고 있다.

"너희 중에 두 사람이 땅에서 합심하여 무엇이든지 구하면, 하늘에 계신 내 아버지께서 저희를 위하여 이루게 하시리라."

여기서 '두 사람'이란 누구를 가리킬까?

그것은 곧 사고나 욕구, 또는 마음의 그림 등에 관하여 의식하는 마음과 잠재의식 사이에 있는 조화 또는 결합의 일치를 뜻한다.

당신의 마음 속에 알력이 없다면 당신의 소원은 이루어진다. 여기서 '두 사람이 합심한다'란, 당신과 당신의 소망, 당신의 사상과 감정, 당신의 사고와 정서, 당신의 소망과 상상력 등이 서로 합심함을 말한다.

가수면 상태에서는 당신의 모든 노력이 최소화된다. 따라서 당신이 이러한 상태에 들어가게 되면, 소망과 상상력 사이의 모든 갈등을 피하게 된다. 잠이 오고 있는 상태에서는 대부분의 의식하는 마음이 침전된다.

잠재의식에 사고를 불어넣는 가장 좋은 때는 잠들기 바로 직전이다. 잠재의식은 잠들기 직전과 잠에서 깨어난 직후가 보다 널리 노출되기 때문이다.

이러한 상태에서는 소망을 약화시키고, 잠재의식에 전해지는 암시를 못 받아들이도록 하는 모든 방해나 행위, 즉 부정적인 생각이나 상상이 더 이상 나타나지 않는다. 자신의 소망이 현실화된 광경을 상상하고 그에 따라 황홀한 기분을 느낄 수만 있다면, 당신의 잠재의식은 반드시 소망을 이루어 준다.

적당히 통제되고, 방향이 정해지고, 훈련된 상상력을 작용케 하면, 사실이라고 상상하고 느낀 것은 모두 실현될 것이다. 또한 실현될 수밖에 없다는 확신을 가짐으로써 어려운 문제를 해결한 사람의 경우는 너무나 많다.

다음에 소개하는 예는 한 소녀가 소망과 상상력 사이에 내재하는 갈등을 어떻게 극복하였는가를 설명해 주고 있다.

그 소녀는, 자기에게 닥친 법률상의 문제가 원만히 해결되기를 바랐다. 그러나 그녀의 마음 속에서는 끊임없이 실패·파산·빈곤 등에 대한 상상이 되풀이되었다. 그녀에게 닥친 법률상의 문제란, 아주 복잡한 소송 사건으로서 연기에 연기를 거듭할 뿐 전혀 해결될 조짐이 안 보였다.

그녀는 나의 충고를 받아들였다. 그리고 매일 밤 잠자리에 들기 전, 몹시 졸리는 가수면 상태에서 그 소송 사건이 원만히 해결되는 광경을 상상하면서 이를 실감하려고 노력했다.

그 소녀는 자기의 마음 속 그림과 소망이 일치해야 한다는 것을 알고 있었다. 그래서 그녀는 잠들기 전에 자기가 변호사와 함께 그 사건의 결과에 대해 토의하는 광경을 생생하게, 그리고 가능한 한 실감나게 극적으로 머릿속에 그리기 시작했다.

그녀가 질문을 하면 그녀의 변호사가 대답을 했다.

또한 그녀의 변호사는 그 소녀에게 몇 번이나 이런 말을 되풀이하였다.

"사건은 아주 원만하게 해결되었어. 이 소송은 법의 힘을 빌리지 않아도 아주 순조롭게 해결될 거야."

이따금씩 그녀의 마음이 공포에 휩싸이게 되면, 그녀는 음향에 맞춰 몸을 흔들면서 흥얼흥얼 소리 내어 마음의 영화를 그렸다.

그녀는 변호사의 목소리와 미소, 그리고 몸동작 등을 마음 속으로 쉽게 상상할 수 있었다.

그 소녀가 이와 같은 마음의 영화를 어찌나 자주 상연하였던지, 마침내 어떠한 상황에서도 재연할 수 있었다.

그로부터 몇 주일 후, 그녀의 변호사로부터 전화가 걸려 왔는데, 내용인

즉, 그 동안 그녀가 상상해 왔던 바대로 일이 원만히 해결되었다는 것이었다. 그녀가 주관적으로 사실이라고 믿으며 상상하고 실감했던 일들이 객관적으로 확증되었던 것이다.

이는 다음의 성경 말씀과 일치한다.

"나의 반석이시요, 나의 구속자당신의 병과 속박과 비참으로부터 당신을 구해 주는 잠재의식이신 여호와당신의 잠재의식 법칙여, 내 입의 말당신의 생각, 마음의 그림, 그리고 구하는 것과 마음의 묵상당신의 감정·성질·감동이 주의 앞에 열납되기를 원하나이다."

〈시편〉 제19장 14절

기억에 대가代價라는 아이디어

① 마음에 강제나 무리한 힘을 가하는 것은 불안이나 공포를 나타내는 것으로써 잠재의식의 응답을 방해할 뿐이다. 따라서 편안한 마음으로 인생을 설계하라.

② 편안한 마음으로 자신의 소망을 상상할 때, 잠재의식은 이를 받아들여 실현하기 위한 작업에 착수한다.

③ 일반화된 방법에만 의존하려 하지 말고, 소망하는 바에 대해 마음 속으로 상상하고 계획을 세우라. 그 어떤 문제라도 해답이 있고 해결될 수 있다고 확신하라.

④ 심장의 고동이나 폐의 호흡, 또 그 밖의 어떤 기관에 대해서도 지나치게 신경 쓰지 말고 모든 것을 잠재의식에 맡기라. 그리고 하느님의 올바른 가르침이 지금 이 순간도 진행되고 있다고 되풀이하여 단언하라.

⑤ 건강을 느낌으로써 건강을 얻을 수 있고, 부富를 느낌으로써 부를 얻을 수 있다. 당신은 지금 무엇을 느끼고 있는가?

⑥ 문제 해결에 있어서 상상력은 가장 강력한 당신의 능력이다. 당신이 다른 사람들로부터 사랑받고, 좋은 평판 듣기를 상상하라. 자신에 대해 좋은 상태를 상상할 때, 당신은 바로 그와 같은 인간이 된다.

⑦ 가수면 상태에서 현재의식과 잠재의식 간의 갈등이 없다. 따라서, 가수면 상태에서 자기의 소망이 성취되는 광경을 몇 번씩 되풀이하여 상상하라. 그 성취감에 대한 기쁨을 느끼며 평화롭게 잠들고, 잠에서 깨어나서도 그러한 기쁨을 느끼도록 하라.

09

부富와 생활의
여유를 잡는 비결

The Power of your subconsious mind

당신이 지금 돈 때문에 고통을 받고 있거나, 수입과 지출을 맞추기 위해 고심하고 있다면, 당신이 언제나 충분히 쓰고 남을 만한 수입이 있다는 것을 당신의 잠재의식에게 납득시키지 못한 것이 된다.

당신은 단 몇 시간만 일해도 엄청난 수입을 올리는 사람을 보았을 것이다. 그런 사람들은 노예처럼 악착같이 일하지 않는다. 그런데도 남보다 잘살고 언제나 여유가 있다.

부자가 되려면 오직 열심히 땀 흘려 일하는 방법밖에 없다는 이야기를 결코 믿어서는 안 된다. 왜냐 하면 현실은 전혀 그렇지 않기 때문이다.

최소의 노력으로 최대의 효과를 얻는 방법이야말로 가장 훌륭한 생활 방식이다. 그러기 위해서는 하고 싶어서 견딜 수 없는 일을 하라. 그리고 자신이 좋아하는 그 일에 기쁨을 느끼도록 노력하라.

나는, 로스앤젤레스에 있는 어느 회사의 중역으로서 연봉 7만 5천 달러를 받는 사람을 알고 있다. 지난 해 그는 세계 일주 관광 여행을 떠나 세계의 명승지들을 돌아보고 왔는데, 그가 나에게 이런 말을 한 적이 있다.

"나는 나의 잠재의식에, '나라는 사람은 연봉 7만 5천 달러에 상당하는 인물'이라는 암시를 주고 있습니다."

그는 또한 다음과 같은 말도 덧붙였다.

"우리 회사에는 주급 100달러 정도를 받는 평사원이 많습니다. 그 사람들은 회사 일에 대해 나보다도 잘 알고, 관리도 나보다 뛰어나게 하고 있지만, 그들은 불행하게도 한결같이 야심이 없고 창조적인 능력이 없습니다. 자기의 잠재의식이 지니는 놀라운 힘을 모르기 때문이지요."

부富라는 것은 마음가짐에서부터 비롯된다.

이른바 인간 사회의 부라는 것은, 사실상 개인적으로 볼 때는 주관적 확신에 지나지 않는다.

"나는 백만 장자다. 나는 백만 장자다."

이런 말을 되풀이한다고 해서 당신이 정말 백만 장자가 되는 것은 아니다. 그것은 당신의 마음 속에 부와 풍부라는 의식을 쌓아 올림으로써 당신의 부유 의식을 성장케 하는 것이다.

마음이 부유한 사람은 생활도 부유하다

안타깝게도 대부분의 사람들은 '눈에 보이지 않는 원조 수단'에 대해 알지 못한다. 마음먹은 대로 일이 잘 풀리지 않는다거나 투자한 만큼 얻지 못하게 되면 그들은 당황하고 무기력해진다.

그 이유는 어디에 있을까?

그것은 잠재의식의 가치를 모르기 때문이다. 또한 내재하는 무한한 저장고를 모르기 때문인 것이다.

가난한 마음을 가진 사람은 언제나 가난에서 벗어나질 못한다. 반대로, 마음이 부유하고 충만된 사람은 자기가 필요로 하는 모든 것을 손에 넣을 수가 있다.

인간은 본래 가난하게 살도록 태어난 것이 아니다. 당신도 부를 누릴 수 있고 당신이 필요로 하는 모든 것을 넘쳐흐를 만큼 풍부히 가질 수 있는 것이다. 당신의 말로써 나쁜 생각을 추방하고, 마음을 깨끗이 하라. 그리고 그곳에 부자가 될 수 있다는 생각을 불어넣으라.

부유 의식을 낳게 하는 방법

이 장章을 읽으면서 당신은 마음 속으로 이렇게 되풀이하고 있을지도 모른다.

"나는 부자가 되고 싶고, 또한 성공하고 싶다."

그렇다면 다음의 방법을 시도해 보라.

하루에 서너 번, 약 5분 동안씩 "부자, 성공……."이란 말을 반복하며 자기 스스로에게 가르치는 것이다.

이 말에는 실로 무서운 힘이 있다. 그것은 잠재의식의 내재력을 표시한다. 당신에게 내재하는 이 강력한 힘에다 당신의 마음을 연결하도록 노력하라. 그러면 그 본질이나 성질에 상응하는 상태나 환경이 당신의 생활 속에 나타나게 된다.

입으로 "나는 부자다"라고 말하기에 앞서 우선 당신에게 내재하는 참된 힘을 마음 속으로 확신하라. 그러고 나서 당신이 "부자다"라고 말할 때, 당신의 마음 속에는 갈등이 있을 수 없다. 또한 '부자다' 하는 생각을 마음 속에 지니면, 당신의 내부로부터 부유한 감정이 끓어오르게 된다.

부유한 감정은 반드시 부를 낳는다는 사실을 항상 명심하라. 당신의 잠재의식은 일종의 은행과 같아서, 부한 마음이든 가난한 마음이든, 당신이 한번 잠재의식에 위탁하거나 각인한 사실은 점차 확대하게 되어 있다. 따라서 가난보다 부를 택해야 하는 것은 당연하다.

부에 대한 긍정이 실패하는 이유

나는 지난 35년 동안 수많은 사람들과 대화를 나누었지만, 그들 대부분이 나에게 다음과 같은 불만을 토로했다.

"나는 몇 달 동안 '나는 부자다. 나는 끝없이 번영하고 있다'라는 말을 되풀이해 왔지만 아무런 효과도 얻지 못했습니다."

그 이유는 어디에 있을까?

나는 그들에게서 그럴 만한 사실을 발견했다. 즉, 그들 대부분의 마음 한편에서는, '나는 부자다. 나는 끝없이 번영하고 있다'를 되풀이하고 있지만, 또 다른 한편에는 부정하는 마음도 도사리고 있다는 사실을 발견한 것이다. 즉, 그들은 마음 속 어느 곳엔가 자기가 지금 거짓말을 하고 있다는 부정적인 것이 자리 잡고 있었던 것이다.

어떤 사람은 나에게 이렇게 말하기도 했다.

"나는 지쳐 버릴 만큼, '나는 끝없이 번영하고 있다'고 입으로 긍정했지만, 번영은커녕 사태가 더욱 악화되기만 했습니다. 말을 하면서 나는 그것이 명백한 거짓말이라는 걸 느끼고 있었습니다."

다시 말해, 이 사람의 말나는 끝없이 번영하고 있다은 다른 한편에서 자신의 의식하는 마음에 의해 거부되고 있었던 것이다. 그것이 그가 밖으로 주장하는 것을 전혀 반대의 결과로 나타나게 한 것이다.

긍정한 사실이 분명히 성공으로 나타나게 하려면, 그것이 마음 속에서 전혀 갈등 없이 받아들여져야만 한다. 그런데 이 사람의 긍정은, 오히려 자기의 결핍 상태를 암시한 것에 불과하다. 따라서 사태를 더욱 악화시킨 것이다.

당신의 잠재의식이 받아들이는 것은 모두, 당신이 틀림없이 그렇게 되리라고 확신하는 바로 그것이며, 결코 공허한 말이나 문구는 아니다.

잠재의식은 언제나 지배적인 생각이나 지배적인 신념만을 받아들인다는 사실을 알아야 한다.

마음의 갈등을 피하는 방법

마음의 갈등으로 인해 고민하는 사람들에게, 이를 극복할 수 있는 이상적인 방법을 제시하겠다.

항상 다음과 같은 말을 되풀이하라. 특히 잠자리에 들기 전에 하는 것이 더욱 효과적이다.

"밤낮으로 나에게 관계된 모든 분야에서 번영이 이루어지고 있다."

이러한 자기 긍정은 결코 논의의 여지가 없다. 금전적으로 고통을 느끼고 있다는 당신의 잠재의식이 받는 인상과 모순되지 않기 때문이다.

언젠가 나는, 매상이 잘 안 오르는 데다 회사의 재무 상태가 말이 아니어서 크게 번민하고 있는 한 실업가에게 이렇게 충고하였다.

"회사에 출근하거든 우선 편안한 의자에 앉아서 조용히 '매상이 오르고 있다'란 말을 몇 번이고 되풀이하십시오."

나의 이러한 충고는 그의 의식하는 마음과 잠재의식 간에 협력을 이룰 수 있게 하였고, 따라서 회사의 매상은 실질적으로 올라가기 시작했다.

금액이 안 적힌 수표에는 서명하지 말라

"더 이상 어떻게 해 나갈 길이 없다."

"모든 것이 부족하다."

"결국에는 담보로 잡힌 이 집마저 잃게 될 것이다."

이처럼 자신의 미래에 대해 불안스런 말을 하는 것은, 마치 금액이 적혀 있지 않은 수표에 서명을 하는 것과 같은 행위이다. 따라서 끊임없이 불안한 상태를 스스로 불러들이고 있는 것과 다를 바 없다.

잠재의식은 당신이 느끼는 이러한 두려움이나 부정적인 말들을 당신의 요구로 간주하여 받아들이게 되고, 독자적인 활동을 개시한다. 그리고 장해·지연·결핍·한계 등을 당신의 인생에 끌어들이는 것이다.

잠재의식이 주는 복리複利

마음 속에 부유한 생각을 심은 사람에게는 또 다른 엄청난 부가 들어오고, 가난한 생각을 심은 사람에게는 또 다른 엄청난 가난이 첨가된다.

이처럼 잠재의식에 한 번 심어진 생각은 그것이 어떠한 형태이든 더욱 증대되고 확대된다. 매일 아침, 잠에서 깨어나면, 마음 속에 번영·성공·부·평화 등을 주입시킴으로써 그와 같은 관념에 마음이 파묻히도록 하라. 가능한 한 자주 이런 생각으로 마음을 돌리라. 이러한 건설적인 생각이야말로 당신의 잠재의식에 저축되어 당신에게 풍부와 번영을 약속해 준다.

효과가 없는 이유는 두려운 생각 때문이다

지금 내 귀에는 다음과 같은 당신의 항의가 들리는 것만 같다.

"나는 그 동안 당신이 시키는 대로 해 왔는데도 아무런 효과를 보지 못했습니다. 그 이유가 뭐죠?"

당신이 효과를 거둘 수 없었던 것은, 당신이 그런 말을 하고 나서 약 10분쯤 뒤에 자기가 한 말에 대해 두려운 생각이 들어 긍정했던 생각을 모조리 제거해 버렸기 때문이다.

한 번 땅에다 씨앗을 뿌렸으면, 그 씨앗을 다시 파 보아서는 안 된다. 싹이 돋고 다 자랄 때가지 물을 주고 잘 가꾸어야 한다.

"나로서는 이 돈을 지불할 수 없어."

당신의 입에서 이런 말이 나오려 한다면, 이를 중단하고 대신 다음과 같은 건설적인 말로 바꾸어야 한다.

"나에게는 항상 모든 면에서 번영만이 있을 뿐이다."

부富의 참된 원천

잠재의식에 있어서 아이디어의 고갈이란 있을 수가 없다. 잠재의식에는 무한한 아이디어가 있고, 항상 그 무한한 아이디어를 '의식하는 마음'에 주입하고 있다. 다시 말해, 당신의 주머니 사정을 풍요롭게 하기 위해 대기하고 있는 것이다. 주식 시장의 경기가 좋든 나쁘든, 그리고 파운드와 달러의 가치가 오르든 내리든 관계 없이, 이와 같은 과정이 당신의 마음 속에서 끊임없이 일어나고 있는 것이다.

실제로 당신의 부는 결코 채권이나 주식, 또는 은행 예금에 있는 것이 아니다. 사실, 그런 것들은 하나의 상징에 불과하다.

물론 생활에 있어서 꼭 필요한 것이기는 하지만, 그것은 단순한 상징에 불과한 것이다.

내가 여기서 강조하고 싶은 것은, 당신이 만일 잠재의식에 "부는 나의 것이다. 그것은 나의 생활 속에서 끊임없이 순환하고 있다"고 믿도록 하면, 그 부가 어떤 형태의 것이든 필연적으로 당신의 것이 된다는 사실이다.

남을 부정적으로 말하면 가난을 면하기 어렵다

항상 수지 균형을 맞추기에 급급한 사람이 있는데, 이런 사람들을 보면 마치 자기의 채무와 큰 전쟁을 치르는 것처럼 느껴진다.

당신은 이런 사람들이 대화하는 내용을 들은 적이 있는가? 그들의 대화 내용을 들어 보면 대체적으로 인생에서 성공한 사람이나 남보다 앞선 사람들을 끊임없이 원망하고 비방하고 있다.

"그 녀석은 악독하기 이를 데 없어. 도저히 용서할 수 없는 녀석이야. 이를테면 사기꾼이지!"

이렇듯 언제나 남에 대해 부정적으로 말하기 때문에 그들은 언제나 가난을 면치 못하는 것이다. 이는 결과적으로 자기들이 원하는 것을 비방하는 셈이기 때문이다. 자기보다 나은 사람들을 원망하고 비방하는 것은, 자기가 그 사람들의 번영을 질투하고 시기하고 원망하기 때문이다.

질투심은 파멸의 시초이다

많은 사람들이 가난을 못 면하고 있는 한 가지 원인이 있다. 이는 대개의 사람들이 한번 혼쭐이 난 뒤에야 비로소 깨닫게 되는 그런 감정인데, 질투가 바로 그것이다.

가령, 당신의 예금액은 지극히 미미한 반면, 당신의 경쟁자가 은행에다 엄청난 돈을 예금하는 것을 볼 때 당신은 질투심을 느낄까, 안 느낄까? 열이면 열 모두가 질투심을 느끼는 것이 인간의 어쩔 수 없는 상정이다.

이때, 질투심을 이겨 낼 수 있는 유일한 방법은 자신에게 다음과 같은 말을 들려주는 것이다.

"그 얼마나 훌륭한 일인가! 그 사람의 번영을 기뻐해야지. 그 사람이 보다 많은 돈을 벌 수 있도록 기도해 줘야지."

질투심은 곧 파멸의 시초라는 것을 잊어서는 안 된다. 이건 틀림없는 사실인데, 거기에는 그럴 만한 이유가 있다.

마음 속에 질투심을 갖는다는 것은 자기 자신을 부정적인 상태로 몰아넣는 셈이 된다. 따라서 부는 당신 쪽으로 흘러오지 않고, 당신으로부터 멀리 흘러 나가게 된다.

만일, 다른 사람의 번영이나 부를 보고 괴롭다거나 화가 나면 그 즉시 자기 자신에게 이렇게 타일러야 한다.

"나는 그가 모든 면에서 번영되기를 기원한다. 그가 보다 많은 부를 얻기를 기도한다."

그러면 당신의 마음 속에 흐르던 부정적인 감정이 중화되고, 이로써 보다 큰 부가 자기 자신에게로 흘러오게 된다.

부富에 이르는 마음의 장해물을 제거하는 방법

예를 들어, 당신의 이웃 중에 부정 축재를 한 사람이 있다고 하자. 이때 그 사람의 일로 인해 몹시 신경이 거슬리고 비관적인 위치에서 비판을 일삼는다면 이 또한 당신 스스로 부에 이르는 길에 장해물을 만드는 것이 된다.

그런 사람 때문에 당신이 전혀 신경 쓸 필요가 없다. 그 사람은 마음의 법칙을 악용하고 있는 것이기 때문에 언젠가는 바로 그 마음의 법칙이 그를 처리해 줄 것이기 때문이다.

그런 사람을 비난하지 말아야 하는 이유는 앞에서 이미 설명한 바 있다. 당신은 분명히 이러한 사실을 명심해야 한다.

부자가 되는 데 장해가 되는 것, 또는 이를 방해하는 것은 바로 당신의 마음가짐에 달려 있다.

이제 당신은 그러한 마음의 장해물을 제거할 수가 있다. 상대가 누구든지 간에 당신이 그와 함께 정신적으로 화목을 유지해 나갈 때, 그것이 바로 장해물을 제거하는 방법이 되는 것이다.

잠자면서 부자가 되는 마술적인 방법

밤에 잠자리에 들면서 다음과 같이 실행해 보자.

우선 조용한 가운데 마음을 편안하게 갖고 실감을 느끼면서 '부'라는 말을 되풀이하라. 마치 자장가를 부르듯이 몇 번이고 이를 되풀이 말하는 것이다. 그리고 그 말과 함께 잠들도록 하라.

그러면 당신은 머지않아 놀라운 사실을 발견하게 될 것이다. 당신이 원하는 바로 그 부가 마치 홍수처럼 당신에게로 밀려 올 것이기 때문이다.

이것이 바로 잠재의식이 갖고 있는 마술적인 힘의 한 예인 것이다.

마음의 힘을 자신을 위해 사용하자

① 그릇됨이 없는 잠재의식에 힘입어 스스로 부유하게 되리라는 결심을 가지라.

② 땀 흘려 악착같이 일해서 돈을 벌고자 하는 것은, 결과적으로 무덤 속에서 부자가 되겠다는 것과 같다. 무덤 속에서 부자가 된다 한들 무슨 소용이 있겠는가. 당신은 분투할 필요도 없고, 마치 노예처럼 악착같이 일할 필요도 없다.

③ 부는 잠재의식에 대한 확신에서 비롯된다. 당신의 마음 속에 부의 관념을 주입하라.

④ 대부분의 사람들은 눈에 보이지 않는 원조 수단을 얻지 못하기 때문에 가난을 벗어나지 못하게 된다.

⑤ 잠들기 전, 약 5분 동안 조용히 '부'라는 말을 되풀이하라. 그러면 잠재의식이 당신에게 부를 체험하도록 유도해 줄 것이다.

⑥ '부에 대한 생각은 곧 부를 가져다 준다'는 사실을 한시도 잊지 말라.

⑦ 잠재의식은 당신이 옳다고 믿는 사실을 받아들인다. 잠재의식은 언제나 당신의 지배적인 생각만을 받아들이는 것이다. 따라서 그 지배적인 생각은 언제나 부유해야 하며, 결코 가난해서는 안 된다.

⑧ 부에 관한 갈등을 극복하려면, 다음과 같은 말을 되풀이해야 한다.

"나는 밤낮으로 내가 관계하고 있는 모든 면에서 번영을 이루고 있다."

⑨ 그리고 다음과 같은 말을 되풀이하라.

"나의 사업은 하루하루 잘 되어 가고 있다. 더욱 전진하고 진보하며, 나날이 풍부해져 간다."

⑩ "나는 도저히 더 이상 버텨 낼 수가 없다"라든가, "모든 것이 부족하다"라는 말들은 마치 백지 수표에 서명하는 것과 다를 바 없다.

⑪ 번영과 부, 그리고 성공 등의 긍정적인 생각을 당신의 잠재의식 속에 예금하라. 그러면 잠재의식은 그 예금에 대한 복리를 당신에게 지불해 준다.

⑫ 당신이 의식적으로 긍정한 것을 불과 몇 초 후에 스스로 의심하는 잘못을 범하지 말라. 그것은 당신이 긍정한 사실들을 모두 제거해 버리는 결과가 된다.

⑬ 부의 참된 근원은 당신의 마음 속에 있는 생각, 바로 그것이다. 당신은 헤아릴 수 없을 정도의 금액을 마음 속에 지닐 수 있으며, 그러면 잠재의식은 이를 실현시켜 준다.

⑭ 질투나 시기심은 부의 흐름을 방해하는 장해물이다. 따라서 남의 번영을 즐거워하라.

⑮ 부에 이르는 것을 방해하는 장해물은 당신 자신의 마음 속에 있다. 어느 누구하고라도 신적神的으로 화목하도록 노력하라.

10

보다 많은 돈을
벌 수 있는 비결

The Power of your subconsious mind

당신도 부자가 될 권리가 있다. 당신은 풍부한 생활을 누리고, 행복으로 빛날 뿐만 아니라, 자유롭게 살기 위해 이 세상에 태어난 것이다. 따라서 당신은 행복하고 부유한 생활을 누리기에 충분한 돈을 가질 권리가 있다.

당신은 정신적·물질적으로 성장하고 확대하고 전개하기 위해 이 세상에 존재한다. 이에 기준하여, 모든 면에 있어서 자기를 충분히 발전시키고 표현할 수 있는 절대적인 권리를 가지고 있는 것이다.

당신은 자신을 아름답고 호화롭게 감싸야 한다. 당신은 왜 잠재의식 속에 있는 부를 한껏 누릴 수 있음에도 불구하고, 간신히 먹고 사는 것만으로 만족하고 있는가?

이 장章을 읽으면, 당신은 언제나 돈과 벗삼을 수 있고, 맘껏 쓰고도 남을 만큼 풍족한 돈을 가지게 된다.

더욱 부유해지고 싶다는 욕구는 보다 충족되고 행복한 그리고 보다 멋진 인생을 보내고 싶다는 소망이다. 그것은 우주적 조화에 기준하는 요구이다. 또한 그것은 당연하며 훌륭한 요구이기도 하다.

돈은 풍요와 세련이다

돈은 교환의 상징이다. 돈이 당신에게 의미하는 것은 결핍으로부터의 자유일 뿐 아니라, 아름다움과 사치, 그리고 풍요와 세련이다.

돈은 국가에 있어서 경제적 건강의 상징에 불과하다. 혈액이 당신의 체내에서 자유롭게 순환하고 있을 때, 당신은 경제적으로 건강한 것이다.

그러나 돈을 깊숙한 곳에 숨겨 놓고, 이로 인해 근심할 때, 이것은 경제적인 병을 의미한다.

몇 세기 동안 돈은 교환 수단으로서 여러 가지 형태를 갖추어 왔다. 예컨대, 소금이나 구슬, 또는 갖가지 장식품들이 이를 위해서 사용된 것이다.

옛날에는 부의 평가 기준을, 그가 소유하고 있는 양이나 소의 숫자에 두었다. 그러나 지금은 화폐나 유가증권 등을 사용하고 있는데, 그 이유는 양이나 소를 끌고 다니면서 거래하기보다 훨씬 간편하기 때문이다.

부富에 이르는 지름길

잠재의식의 존재를 깨닫는 것이야말로 모든 종류의 부, 즉 정신적인 부와 금전적인 부에 이르는 지금길이다. 마음의 법칙을 연구하는 사람들은 항상 경제적인 상황이나 주식 시장의 경기, 그리고 불황이나 파업·전쟁 등에 관계 없이 다음과 같은 확신을 갖고 있다. 즉, 자기는 항상 풍부한 공급을 받게 된다는 것을 알고 있는 것이다. 그 이유는 그들이 자기 잠재의식에 부에 대한 암시를 주입하였기 때문이다.

잠재의식은 그 사람이 어디에 있든 결코 부자유스럽게 하지 않는다. 그들은, 돈이란 늘 자기들의 생활 속을 흐르고 있으며 충분한 여유가 있다고 확신한다.

만일 당장이라도 국가 경제가 파산하여, 마치 제1차 대전 후의 독일 마르크 화貨처럼, 현재 모든 사람들이 가지고 있는 재산이 전혀 무가치한 상태가 되더라도 그런 사람들은 의연할 수 있다. 또한 어떤 형식으로 새로운 통화가 나타나든, 그에 관계 없이 부를 끌어들여 공급받게 될 것이다.

돈을 저주하고 원망하지 말라

이 장章을 읽어 가면서 당신은 이렇게 말할지도 모른다.

"나는 지금의 월급보다 더 받을 가치가 있는 사람이다."

대부분의 사람들이 보수를 충분히 받고 있지 못한 것은 사실이다.

그들이 지금의 월급밖에 받을 수 없는 이유 중의 하나는, 그들이 마음 속으로 또는 입으로 돈을 저주하고 원망하기 때문이다.

"돈은 더러운 것이다."

"돈을 좋아하는 것은 곧 악의 근원이다."

그들이 부유해지지 못하는 또 다른 이유 중의 하나는, 그들이 자신의 잠재의식 속에 '가난은 미덕이다'라는 생각을 불어넣고 있기 때문이다.

돈과 균형 있는 생활

어떤 사람이 내게 다음과 같은 말을 한 적이 있다.

"나는 망했습니다. 돈을 저주합니다. 돈은 모든 죄악의 근원이기 때문이지요."

이 말은 그의 착각, 즉 노이로제적인 마음을 나타내고 있다.

돈만을 사랑하고 그 밖의 모든 것을 배제한다면, 이는 당신을 불균형하게 만들 수도 있다. 이런 때, 당신은 당신의 힘과 권위를 현명하게 사용하여야 한다. 사람에 따라 권력을 원하는 사람이 있는가 하면, 돈을 원하는 사람도 있다. 만일 당신이 오직 돈만 생각하여 다음과 같이 말한다면 어떻게 될까?

"나에게 필요한 것은 오직 돈밖에 없다. 따라서 나는 전력을 다해 돈을 모을 것이다. 그 밖의 일은 어떻게 되든 상관할 바 아니다."

이토록 간절히 원한다면 돈을 모아 재산을 쌓아 올릴 수는 있다.

그러나 이 경우, 당신은 당신이 이 세상에 태어나게 된 이유를 잃게 된다. 즉, 조화로운 생활을 하기 위해 당신이 이 세상에 태어났다는 사실을 잃어 버리게 되는 것이다.

당신은 마음의 평화와 사랑과 기쁨, 그리고 완전한 건강 등에 대한 갈망도 충족시켜야 한다는 사실을 잊어서는 안 된다.

인생의 목적을 오직 돈에 두는 것은 잘못된 선택이다. 당신이 원하는 것은 오직 돈뿐이라고 여겨, 그 돈을 벌기 위해 무척 애를 썼지만, 그 결과는 당신이 원하는 것은 돈이 전부가 아니었음을 깨닫게 되는 것이다.

돈 외에도 당신은 자기 자신에게 숨겨진 재능을 참되게 표현해 보는 것, 인생에 있어서 참된 지위에 앉는 것, 아름다움, 그리고 자기 아닌 다른 사람들의 행복과 성공에 공헌하는 기쁨 등도 원하고 있었던 것이다.

잠재의식의 법칙을 익히면, 100달러든 몇 백 달러든 자신이 원하는 만큼의 돈을 손에 넣을 수 있으며, 거기에다 마음의 평화와 조화, 그리고 완전한 건강과 완전한 표현까지도 얻을 수 있는 것이다.

가난이 미덕이라는 믿음은 일종의 병이다

가난에 대해 미덕이라는 믿음은 정말 웃지 못할 생각이다. 그것은 다른 모든 마음의 병과 마찬가지로 일종의 병에 속한다.

만일 당신의 몸에 병이 생겼다면, 곧바로 사실을 알 수 있다. 그래서 즉각 의사에게 도움을 청하고 치료 방법을 찾게 된다.

이와 마찬가지로, 만일 당신의 생활에 돈이 충분히 돌고 있지 못하다면, 당신에게 어디엔가 근본적인 잘못이 있다는 것을 깨달아야 한다.

당신에게 내재하는 생명 원리의 욕구는 성장과 발전과 보다 충족한 생활을 지향한다. 당신은 초가집에서 살고, 헌 옷을 입으며, 배고프게 살기 위해 세상에 태어난 것이 아니다. 당신은 보다 행복하고 부유하며, 성공할 수 있는 권리와 자격이 있다.

돈이 더럽거나 부정하다고 생각하는 것은 절대 금물이다

돈에 대한 괴상한 생각이나 미신은 모두 마음 속에서 제거해야 한다. 돈은 더러운 것이라거나 부정한 것이라고 생각하는 것은 절대 금물이다. 이렇게 비난하면 결코 돈을 손에 넣을 수 없음을 잊어서는 안 된다. 당신이 비난하는 것은 결코 당신의 손에 들어오지 않는다.

돈을 불리는 기술

돈을 증식할 수 있는 간단한 기술을 소개하겠다.

우선, 하루에 몇 번씩 다음과 같은 말을 반복하라.

"나는 돈을 좋아한다. 나는 돈을 현명하게 건설적으로, 그리고 신중하게 쓴다. 돈은 끊임없이 나의 생활 속에 순환하고 있다. 나는 그 돈을 기꺼이 손에서 풀어 놓을 수 있으며, 그러면 거기에 놀라울 정도로 많은 이자가 붙어서 다시 내게로 돌아온다. 돈은 정말 좋은 것이다. 내게로 돈이 마치 홍수처럼 밀려온다. 나는 돈을 넉넉하게 쓴다. 나는 나의 이익과 나의 마음의 부에 대해 감사하고 있다."

과학자들의 돈에 대한 관념

가령 당신이 금이나 은, 또는 구리나 철을 땅 속에서 발견했다고 하자.

그때 당신은 이것들을 악이라고 생각할 수 있겠는가?

그럴 순 없다. 이 세상에 있는 모든 악의 근원은, 인간에 대한 몰이해, 무지, 생명에 대한 잘못된 인식, 그리고 잠재의식을 옳게 사용하지 못하는 데서 비롯된다.

우라늄이나 그 밖의 금속들도 교환 수단으로 이용하려면 이용할 수도 있었을 것이다. 우리는 생활 속에서 교환 수단으로 지폐·수표·니켈·은 등을 사용하지만, 분명 이런 것들이 악은 아니다.

오늘날 물리학자나 화학자들은 금속 상호간의 차이가 원자력 주변을 도는 전자의 수와 그 속도의 차이에 의한 것임을 알고 있다.

오늘날 과학자들은, 강력한 사이클로트론 속에서 원자에 충격을 가함으로써 어떤 금속을 또 다른 금속으로 변하게 할 수 있다. 한 예로, 금은 어떤 상태하에서는 수은이 된다. 앞으로 근대 과학자들이 금이나 은과 같은 금속을 화학 실험에 의해서 합성할 수 있게 되리라고 나는 확신한다.

지성을 지닌 사람으로서 전자나 중성자·양자, 또는 동위원소 속에 악이 도사리고 있다고 생각할 사람이 있을까?

천만의 말씀이다.

당신 주머니 속에 있는 지폐는 전자나 양자의 갖가지 배열을 지니고 있는 원자나 분자로써 성립된다. 그 수나 속도가 다르다는 것만으로써 지폐는 주머니 속의 동전과 다른 차이를 나타낸다.

씨앗은 자기에게 필요한 것을 스스로 흡수한다

몇 년 전, 나는 오스트레일리아를 여행하면서 내과나 외과 의사가 되고 싶어하는 한 소년을 만난 적이 있다.

그러나 그 소년에게는 의과대학에 갈 만한 돈이 없었다.

그 소년은 그에 대해 고민하고 있었다.

나는 그에게, 일단 흙 속에 뿌려진 씨앗은 자기에게 필요한 모든 것들을 스스로 흡수하여 자라난다고 설명한 뒤에 이렇게 말했다.

"너도 식물의 씨앗이 가르치는 교훈을 배워라. 네가 필요로 하는 생각을 네 잠재의식에다 뿌려 놓으면 되는 거야."

우수한 그 소년은 그때 병원의 진료실에서 청소를 하고, 그 밖의 잡다한 일로 벌이를 하면서 살아가고 있었는데, 그는 나에게 이렇게 말했다.

"저는 매일 잠자리에 들 때마다 벽에 붙어 있는 의사 면허증을 보곤 하지요. 면허증에 제 이름이 큼직하게 씌어 있는 것을 상상해요."

그 당시 그는 자기가 일하는 병원의 진료소에서 면허증이 들어 있는 액자를 걸레질하곤 했던 것이다.

여기서 면허증에 대한 이미지가 그의 마음 속에 새겨지고, 따라서 이를 발전시키는 일은 그다지 어려운 일이 아니었던 것이다.

그는 약 4개월 동안 그와 같은 자기 암시를 되풀이하였는데, 그는 분명한 결과를 얻을 수 있었다.

이 이야기의 뒷얘기가 흥미롭다.

그 병원의 의사 가운데 한 명이 이 소년을 귀엽게 여겨, 기구의 소독 방법이며 피하 주사 방법, 그리고 그 밖의 여러 가지 응급 치료법 등을 가르쳐서 자기 병원의 전문 조수로 채용했던 것이다. 그리고 그 후 그 의사는 소년을 의과대학에 입학시켜 주기까지 했다. 그 소년은 지금 캐나다의 몬트리올에서 명의가 되어 있다고 하는데, 그는 잠재의식을 옳게 이용하는 '견인牽引의 법칙'을 별견한 것이다.

"결과가 나타났다면, 그 결과를 실현하는 방법을 소원한 것이 된다."

이 소년의 경우, 결과란 의사가 되는 것이었다.

이 소년은 자신이 의사가 되어 있는 모습을 마음 속 깊이 상상하였고, 따라서 눈으로 보고 실감할 수 있었던 것이다.

그는 그와 같은 사고 속에서 살았으며, 이를 지속하고 사랑했으며, 마침내 그러한 생각은 잠재의식의 층으로까지 침투하여 하나의 확신이 되었던 것이다. 그리고 이로써 그의 꿈을 실현하는 데 필요한 모든 것을 끌어들였던 것이다.

작용과 반작용의 법칙

커다란 조직체에서 일하는 사람이, 자기는 능력에 비해 급료를 적게 받고 있다든가, 회사 측으로부터 더욱 인정을 받아야 한다고 생각하여 회사를 비난하면, 그는 곧 잠재의식적으로 자기 조직과 연결된 줄을 끊어 버리고 있는 것이 된다. 그 사람은 하나의 법칙에 의해 움직이고 있는 셈이고, 따라서 감독이나 지배인은 그에게 해고를 선언하게 될 것이다.

결과적으로, 그는 자기 자신 스스로 직장을 그만두게 만드는 것이다.

그를 해고한 지배인은 그의 부정적인 마음의 상태를 확인한 도구에 지나지 않는데, 이것이 작용과 반작용의 법칙에 한 예이다.

즉, 작용이란 그 사람의 사고이며, 반작용이란 그의 잠재의식의 반응을 말한다.

부富로 가는 길을 가로막는 장애물

"저놈은 아주 나쁜 놈이야!"

"저 사람은 부정을 저지르고 있어."

"그는 부정한 방법으로 돈을 벌고 있어."

"저놈은 사기꾼이야."

"나는 그가 아무것도 없는 빈털터리였던 시절을 알고 있어."

"그는 도둑놈이며 아주 못된 놈이야."

이렇게 말하고 있는 사람들은 당신도 수없이 보아 왔을 것이다.

이런 사람들을 조사해 보면, 대체로 가난하며, 뭔가 금전적으로 곤란을 겪고 있다든가, 아니면 병들어 있음을 알 수 있다. 그리고 어떤 경우에는,

그의 대학 친구가 그를 앞질러 성공의 계단에 먼저 올라서 있음을 알 수 있다. 그래서 그는 지금 잔뜩 얼굴을 찌푸리고 옛 친구의 성공을 비난하고 있다.

대개의 경우, 그러한 것들이 그가 실망을 느낀 이유가 된다. 옛 대학 친구를 나쁘게 생각하고 그가 잘되는 것을 저주하면, 그것은 곧 자기가 기원하고 있는 부나 번영을 사라지게 하는 원인이 된다. 그는 자기가 원하고 있는 바로 그것을 저주하고 있는 셈이다.

결과적으로, 그는 모순된 기도를 올린 것이 된다.

즉, 한편에서는, "지금 부가 나에게로 흘러오고 있다"고 말하면서, 미처 입에서 침이 마르기도 전에 마음 속, 또는 입 밖으로, "나는 그의 부를 원망한다"고 말하고 있기 때문이다.

당신이 부를 얻기 위해선 언제나 남의 부를 즐거워해야 한다는 사실을 잊지 말아야 한다.

투자를 안전하게 하는 간단한 기원

투자에 관한 지혜를 얻고자 할 때, 또는 자기의 주식이나 채권에 대해 근심이 될 때는 조용히 이렇게 단언하라.

"무한한 지성이 나의 모든 경제적 거래를 지배하며 보살피고 있다."

이런 말을 반복하면 당신의 투자는 보다 현명해진다는 것을 알 수 있다. 당신이 손실을 보게 될 때는 증권이나 주식을 매각하고 싶은 마음이 들어 손실을 면하게 된다.

공짜로는 아무것도 얻을 수 없다

큰 상점에서는 도둑을 예방하기 위해 경비를 세운다. 날마다 상점의 물건을 공짜로 얻으려는 사람들이 모여들기 때문이다. 그곳에서 붙잡히는 사람들을 보면, 한결같이 결핍과 부족이라는 심리적 분위기 속에 살고 있음을 알 수 있다. 그들은 자기 자신으로부터 평화·조화·신념·정직·결백·선의·신뢰 등을 훔치고 있는 것이다. 거기에다 모든 종류의 상실, 예를 들어 인격이나 품위, 사회적 지위, 마음의 평화 등의 상실을 자기에게로 끌어들이고 있는 것이다.

이런 사람들은 공급원에 대해 신뢰하지 않고 있으며, 마음의 사용에 대한 이해를 상실하고 있는 것이다. 그가 만일 마음 속에서 자기 잠재의식의 힘에 호소하여, 자기는 이제 잠재의식의 인도를 받아 무한한 힘을 발휘할 수 있게 된다고 말하면 일자리도, 그리고 부단한 공급원도 찾게 될 것이다. 그렇게 하면, 그는 정직·결백·인내 등에 의하여 자기 자신으로서나 사회적으로 크나큰 명예를 얻게 될 것이다.

부유와 자유의 끊임없는 공급원을 얻는 방법

잠재의식의 힘과 사고, 또는 마음 속의 그림을 창조하고 그 힘을 믿는 것이 부유와 자유, 그리고 부단한 공급원을 얻게 되는 길이다.

마음 속에 풍족한 생활을 받아들이도록 하라. 마음 속에 부를 받아들이고 기대한다는 것은 그 자체를 표현하는 수학과 역학을 지니고 있다. 부유한 기분이 심어지면 부유한 생활에 필요한 모든 것이 실현된다.

날마다 다음과 같은 말을 긍정하고 당신의 마음 속에 새기도록 하라.

"나는 나의 잠재의식에 내재된 무한한 부와 한몸이다. 나는 풍족하고 행복한 생활을 하며, 성공할 권리가 있다. 돈이 나에게 자유롭게, 그리고 풍족하게 끝없이 흘러 들어온다. 나는 나의 재능을 자유롭게 발휘한다. 나는 금전적으로 혜택을 받고 있다. 따라서 참으로 즐거운 일이 아닐 수 없다."

부富에 이르는 방법

① 부자가 되는 것은 나의 권리라고 대담하게 단언하라. 그러면 당신의 잠재의식이 그러한 당신의 단언에 보답해 준다.

② 간신히 살아갈 만큼의 작은 것을 바라지 말고, 당신이 하고 싶은 모든 것을 이룰 수 있을 정도로 많은 것을 기원하라. 당신의 잠재의식에는 무한한 부가 있음을 깨달아야 한다.

③ 당신의 생활 속에 돈이 자유롭게 순환되고 있을 때, 당신은 경제적으로 건강하다. 돈은 밀물과 썰물이라고 생각하라. 그러면 당신은 항상 충분한 돈을 갖게 된다. 바닷물에는 만조와 간조가 있다. 나갔던 썰물은 반드시 되돌아오게 된다는 사실을 알라.

④ 잠재의식의 법칙을 확신하기만 한다면 당신은 언제나 부를 공급받을 수 있다.

⑤ 많은 사람들이 간신히 수지를 맞출 뿐, 보다 풍족한 돈을 갖지 못하는 이유는 그들이 돈을 저주하고 있기 때문이다. 당신이 저주하는 것들은 모두 날개를 달고 당신 곁에서 훌훌 떠나 버리고 만다는 것은 결코 잊어서는 안 된다.

⑥ 돈을 신격화하지 마라. 그것은 상징에 지나지 않기 때문이다. 참된 부는 당신의 마음 속에 있다는 사실을 깨달아야 한다. 당신은 균형 잡힌 생활을 하기 위해 세상에 태어났다. '균형 잡힌 생활'이란, 당신이 필요로 하는 돈은 언제나 손에 들어오게 되어 있음을 뜻한다.

⑦ 돈만을 삶의 유일한 목적으로 삼아서는 안 된다. 부와 행복과 평화와 참된 표현, 그리고 사상을 구하라. 또한 하나의 인간으로서 사랑과 선을 모

든 사람들에게 베풀어라. 그러면 당신의 잠재의식은 이와 같은 모든 표현 분야에 있어서 당신에게 복리를 지불해 준다.

⑧ 가난을 미덕으로 여긴다는 것만큼 어리석은 생각도 없다. 그것은 일종의 마음의 병이다. 이와 같은 마음의 갈등이나 병을 즉시 치료하라.

⑨ 당신은 오막살이에 살고, 헤어진 옷을 입으며, 주린 배를 부여안고 서성대기 위해 세상에 태어난 것이 결코 아니다. 당신은 보다 풍요한 생활을 누리기 위해 세상에 태어난 것이다.

⑩ 돈을 더럽다든가 증오스럽다고 여겨서는 안 된다. 자기가 비관하는 것은 결코 자기 옆에 붙어 있지 않는다는 사실을 알아야 한다. 좋은 것과 나쁜 것이 따로 있는 것이 아니다. 좋다고 생각하면 좋은 것이 되고, 나쁘다고 생각하면 나쁜 것이 된다.

⑪ 다음과 같은 말을 되풀이하도록 하라.

"나는 돈이 좋다. 나는 돈을 현명하게 건설적으로, 그리고 신중하게 쓸 것이다. 나는 돈을 기꺼이 손에서 풀어놓을 수 있다. 그러면 그 돈은 몇 천 배나 많은 돈이 되어 내게로 돌아온다."

⑫ 땅 속에 있는 구리나 주석, 또는 쇠가 나쁜 것일 수 없는 것과 마찬가지로 돈 역시 결코 나쁜 것이 아니다. 모든 악은 무지와 마음의 힘을 그릇되게 사용함으로써 비롯된다.

⑬ 결과를 마음 속에 그린다는 것은, 잠재의식에 반응을 일으키게 하여 마음의 그림을 실현케 하는 것이 된다.

⑭ 공짜로 얻으려는 생각은 버려라. 공짜로 먹을 수 있는 점심 식사란 세상에 존재할 수 없다. 당신의 목표·이상·사업 등에 정신적인 주의를 지불해야 한다. 그렇게 하면 당신의 잠재의식이 당신에게 나아갈 방향을 지시해 줄 것이다. 부에 이르기 위해서는 잠재의식의 법칙을 응용하고, 거기에 부에 대한 사고를 주입하는 것이다.

11

베풀고 봉사한 모든 것은
압축되어 돌아온다

The Power of your subconsious mind

성공이란 '성공된 생활' 그것을 말한다. 이 세상에서 오랫동안 평화나 행복 또는 기쁨을 누릴 수 있다면 그것이 곧 성공이다. 이와 같은 일을 영원히 체험하는 것이 기독교에서 말하는 영생永生이다.

평화나 안정·행복 등과 같이 인생의 현실적인 문제는 손에 미치지 않는 먼 곳에 있다. 그것은 인간의 '보다 깊은 자기'에서 발생한다.

이와 같은 여러 가지 생활에 관하여 명상한다는 것은, 그와 같은 천국을 잠재의식 속에 건립하는 것이 된다. 이 잠재의식이야말로 〈마태복음〉 제6장 20절에 나와 있는 바로 그곳인 것이다.

"오직 너희를 위하여 보물을 하늘에 쌓아 두라. 거기는 좀이나 동록銅綠이 해하지 못하며 도적이 구멍을 뚫지도 못하고 도적질도 못하느니라."

성공에 이르는 3단계

성공에 이르는 3단계를 음미해 보자

제1단계는 자기가 하고 싶은 일을 발견하고 이를 실행하는 것이다. 성공이란 자기가 하고 있는 일을 사랑하는 데 있다. 그러나 정신과 의사일 경우, 의사 면허를 취득하여 이를 벽에다 걸어 두는 것만으로는 충분하지 않다. 시대에 뒤떨어지지 않도록 열심히 학회에 출석하여 마음과 그 작용에 대한 연구를 계속해야 한다.

성공을 거둔 정신과 의사는 열심히 임상 강의에 출석하고 최신의 과학 논문을 읽는다. 즉, 인간이 고통을 덜기 위한 가장 진보된 방법을 배워 터득해야 한다. 성공을 거둔 의사는 우선적으로 환자의 이익을 염두에 두어야 한다.

"어떻게 첫발을 내디뎌야 할까? 나는 무엇을 해야 할지 모르겠다."

이렇게 말하는 사람이 있을지도 모른다. 이럴 때는 다음의 말을 유념하여 마음 속 깊이 새겨 두라.

"나의 잠재의식 속에 있는 무한한 지성은 인생에 있어서 나의 참된 지위를 가르쳐 준다."

이러한 기도를 조용히 적극적으로, 그리고 애정을 기울여 당신의 마음 속 깊이 되풀이하라. 신념과 자신감으로 이러한 기도를 계속하면 그 답이 느낌으로 당신에게 분명히 전달되고, 또한 특정한 방향으로 당신에게 나타날 것이다.

제2단계는 자신이 나아갈 어떤 특정 전문 분야를 정하고 그 분야에 관한 한 어느 누구보다도 많은 것을 터득하는 것이다.

가령, 한 젊은이가 화학을 전문 분야로 택했을 경우, 이를 위해 집중적으로 노력해야 한다. 자기가 선택한 전문 분야에 자신이 갖고 있는 모든 시간과 주의력을 쏟아부어야 한다. 그래서 그 분야에 대해 알아야 할 모든 것을 알아야 한다. 가능한 한 그 분야에 대해서 어느 누구보다도 많은 것을 알아야 한다.

그리고 자기 일에 적극적으로 흥미를 느끼고, 세계에 봉사하겠다는 결의를 다져야 한다. '당신들 가운데 가장 위대한 자를 골라 당신의 부하로 삼으라'는 말이 있듯이, 그 분야에 관한 한 최고의 권위자가 되어야 한다.

생계를 위해 어쩔 수 없이 일을 한다든가, 그저 재미로 일을 하는 사람들이 있는데, 그들의 정신 태도와 지금 말한 정신적 태도는 커다란 대조를 이룬다.

자기가 하는 일이 재미있다고 해서 결코 성공적인 삶을 산다고 말할 수는 없다.

인간의 동기는 보다 위대하며 고귀한 것이다. 따라서 남을 위해 도움이 되겠다는 정신이 한층 필요하다. 인간은 보수를 요구하는 것보다는 남을 위해 은덕을 베풀어 봉사해야 한다.

가장 중요한 것이 제3단계이다.

이 제3단계는 당신이 하고 싶은 일을 하는 것이 자신의 인생에 성공을 더하는 것이 아님을 확신하여야 한다. 당신의 욕구가 이기적이어서는 안 되며, 인류에 도움이 되는 것이어야만 한다. 완전한 회로가 형성되어 있어야 하는 것이다.

다시 말하면, 당신의 사고는 세상을 위해 도움이 된다는 것, 즉 이 세상을 위해 봉사한다는 생각으로 출발해야 한다는 것이다. 그러면 당신이 세상에 베풀고 봉사한 모든 것이 당신에게 압축되어 긁어 모아지고, 차고 넘치도록 풍부하게 불어나 당신에게 되돌아오게 된다.

만일 당신의 사고가 자신의 이익만을 위한 것이라면 완전 회로가 형성될 수 없으며, 그렇게 되면 당신의 인생 속에서 궁핍이나 병 같은 어려움을 겪게 될지도 모른다.

참된 성공의 길을 가는 비결

"그러나 사실 제임스는 속임수를 써서 석유 주식을 팔았고, 그로써 엄청난 재산을 모으지 않았습니까?"

주위로부터 이런 비방을 듣는 사람들이 있다. 이런 사람들은 한때 성공한 듯이 보이지만, 그렇게 모은 재산은 언젠가는 다시 날개를 달고 날아가 버리게 되어 있다.

다른 사람들의 재물을 갈취하는 것은 곧 자기 자신의 재물을 갈취하는 것과 같다. 왜냐 하면 그런 행동을 할 때는 그가 결핍과 부족된 기분을 느끼고 있을 때이므로, 이것은 다시 자신의 몸이나 가정 생활 또는 사건 등의 형태로 나타나게 되어 있기 때문이다.

우리는 우리가 생각하고 느끼고 믿는 대로의 것을 만들어 낸다. 따라서 속임수에 의하여 큰 재산을 만들었다 해서 성공하였다고는 할 수 없다. 마음의 평화 없이는 참된 평화가 있을 수 없다. 그에 대한 죄의식으로 인해 번민하며 밤잠도 제대로 못 이루고 몸에 병이 생기게 된다면 제아무리 큰 재산을 모았기로서니 그것이 무슨 소용이 있겠는가?

런던에 사는 한 친구가 있었다.

그는 소매치기가 본업이었다. 그로써 그는 거액의 돈을 모았던 것이다.

그는 프랑스에 여름 별장을 가지고 있었고, 영국에서는 왕이나 다를 바 없는 호화로운 생활을 누리고 있었다.

그러면서도 그는 자신이 런던 경시청에 체포되지나 않을까 하는 두려움에서 벗어나지 못했다.

그는 여러 가지 마음의 병을 가지고 있었다. 그것은 그의 끊임없는 두려움과 마음 속 깊이 뿌리를 박고 있는 죄의식이 원인이었다. 이 깊은 죄의식이 그에게 갖가지 걱정거리를 끌어들였던 것이다.

그는 결국 경시청에 잡혀 형량을 채운 뒤 교도소에서 나왔다.

그 후 그는 심리학적·정신적인 감언을 받았다. 그리고 나서야 비로소 그는 새로운 생활을 찾을 수 있었던 것이다.

그는 새로운 일을 찾아 그것에 열중하였고, 정직하고 법을 존중하는 시민으로 탈바꿈하였다. 그는 자기가 하고 싶은 일을 발견하였고, 이로써 행복한 삶을 살게 된 것이다.

성공적인 인생을 사는 사람들은 대부분 자기가 맡은 일을 사랑하고, 또한 자기를 충분히 사랑할 줄 안다.

성공은 단순히 부를 쌓아 두는 것만이 아니다. 성공의 척도는 그가 보다 높은 이상을 가졌느냐 못 가졌느냐에 의해 결정된다.

성공한 사람들은 깊은 정신적·심리적인 이해력을 가진 사람들이다. 오늘날 많은 대실업가들은 자기 잠재의식을 올바르게 사용함으로써 성공을 이룰 수 있었다.

몇 년 전, 석유 왕 플래글러의 수기가 책으로 출판된 일이 있었다. 그는 그 책에서 성공 비결을 다음과 같이 말했다.

"나는 나의 계획이 완성되어 있는 모습을 볼 수 있는 능력으로 인해 지금과 같은 성공을 거둘 수 있었다."

그는 눈을 감고 거대한 석유 산업을 마음 속 깊이 상상하였고, 석유를 실은 기차가 레일 위를 달리는 모습을 보았으며, 그 기차의 기적 소리를 듣고 또 그 연기도 보았던 것이다. 자기가 기원한 것이 이루어진 모습을 상상하여 실감함으로써 그의 잠재의식이 이를 실현해 주었던 것이다.

이처럼 목적물을 분명히 상상할 수 있다면, 자기도 모르는 사이에 기적을 일으키는 잠재의식의 무한한 힘에 의해 필요한 것을 공급받게 되는 것이다.

성공의 제3단계를 생각함에 있어서, 당신의 잠재의식이 가지고 있는 창조력이라는 근원적인 힘을 잊어서는 안 된다. 이것이야말로 모든 계획의 단계이자 배후에 숨겨진 에너지인 것이다.

당신의 사고에는 창조력이 있다. 사고가 감정과 융합하면 주관적인 신념 또는 신앙이 된다.

"예수께서 저희 눈을 만지시며 가라사대, '너희 믿음대로 되라.'"

〈마태복음〉 제9장 29절

'너희 믿음대로 되라.' 바로 이것이다.

당신 속에 당신이 모든 소망을 실현시킬 수 있는 강력한 힘이 있다는 사실을 알면 당신은 자신감과 평화로움을 얻을 수 있다.

당신이 지금 하고 있는 일이 무엇이든 당신은 잠재의식의 법칙을 배워야 한다. 그래서 자기의 마음 속에 숨겨진 무한한 힘을 응용할 줄 알아야 한다. 자기 자신을 충분히 표현하고, 남을 위해 자기의 재능을 십분 발휘할 수 있다면, 비로소 당신은 확실하게 참된 성공의 길을 걷게 된다.

만일 당신이 하느님이 하는 일 중에 어느 한 부분이라도 할 수 있다면 하느님은 틀림없이 당신 편이 되어 준다. 그렇게 되면 어느 누가 당신이 나아가는 길을 가로막을 수 있겠는가?

이러한 사실을 당신이 이해하고 실행하게 될 때, 하늘과 땅도 당신의 성공을 위해 도울 것이다.

끊임없이 상상하면 그것이 성공을 이룬다

언젠가 나는 어떤 영화 배우로부터 다음과 같은 이야기를 들은 적이 있다.

"나는 전혀 교육이라곤 받아 본 일이 없지만, 어린 시절부터 영화 배우로 성공하는 꿈을 꾸어 왔습니다. 들판에서 풀을 베고 있을 때도, 소를 몰로 집으로 돌아올 때도, 젖소의 젖을 짜고 있을 때도 나는 내 이름이 커다란 극장에서 상영되는 장면을 끊임없이 상상해 왔지요. 이렇게 몇 년 동안 계속한 끝에 집을 박차고 나왔습니다. 나는 영화의 엑스트라 역을 맡을 수 있게 되었지요. 그러고 나서 얼마 안 있어 나는 비로소 내가 소년 시절에 그렇게 상상해 왔던 장면을 실제로 보게 되었지요. 나의 이름이 커다란 극장의 스크린에 오르는 모습을 보게 된 것입니다."

그는 또 다음과 같은 말을 덧붙였다.

"끊임없이 상상하면, 그것은 곧 성공을 이루는 힘이 된다는 사실을 나는 확신합니다."

꿈에 그리던 약국이 현실로 이루어지다

지금부터 30여 년 전, 내가 알고 있는 젊은 약제사로부터 주급 40달러와 함께 매상고에 따라 수당을 받고 있는 사람이 있었는데, 그가 나에게 이렇게 말했다.

"앞으로 25년만 계속하면, 퇴직 후 연금을 받게 되겠지요?"

그래서 나는 그에게 이런 말을 하였다.

"당신은 어째서 자신의 약국을 개업하지 않지요? 여기를 떠나서 목표를 좀더 높게 잡으시오. 당신 자녀에 대해 꿈을 가지시오. 당신의 아들은 훌륭한 의사가 되고 싶어할지도 모르며, 당신의 딸은 훌륭한 음악가가 되기를 원할지도 모릅니다."

그러나 그의 대답인즉, 자신은 약국을 차릴 만한 돈이 없다는 것이었다.

그러나 나의 설명을 듣고 나서 그는 자기가 진실이라고 생각하는 것은 무엇이나 이룰 수 있다는 사실에 눈을 뜨기 시작했다.

목표를 향한 그 첫걸음은 우선 그로 하여금 잠재의식의 힘을 깨닫게 하는 일이었다. 그래서 나는 그에게 잠재의식에 대하여 상세히 설명해 주었다.

그리고 두 번째 단계는, 만일 어떤 생각을 잠재의식에 심어 줄 수만 있다면, 잠재의식은 무슨 수를 써서라도 그것을 실현해 주리라는 것을 실감케 하는 일이었다.

그는 스스로 자기가 약국 안에서 일하고 있는 모습을 상상하기 시작했다. 그는 마음 속으로 자신이 약병을 배열하고, 처방전을 보고 조제하며, 또는 자기가 고용한 점원 몇 명이 가게로 찾아오는 손님들을 접대하는 장면을 상상하였다.

그는 또한 엄청난 자기의 예금 구좌를 상상했다. 마음 속에서 그는 상상의 세계에 있는 자기의 약국에서 일을 하였다.

이처럼 그는 훌륭한 배우처럼 그 역할을 맡아 생활했다.

마치 자신이 그러한 상태에 있는 것처럼 상상하고 이를 확신하면, 바로 그와 같은 사람이 된다는 것을 알아야 한다. 이 약제사는 전력을 기울여 약국 주인이 되기를 노력하였고, 또한 자기가 약국을 경영한다는 상상에 기준하여 생활하고 움직이고 행동하였다.

그 결과는 참으로 신기했다. 그는 근무처에서 해고되었고, 때문에 커다란 연쇄점에 자신의 근무처를 정하였다. 그는 그곳에서 지배인이 되었고, 얼마 안 있어서 그곳 일대의 지점들을 통솔하는 지배인이 되었다.

그리고 다시 4년이 지났을 때, 그는 약국을 살 수 있는 돈을 거머쥐게 되었다.

그는 꿈에 그리던 자신의 약국을 개업하였다. 그리고 그 가게의 이름을 〈꿈의 약국〉이라고 붙였다.

그는 이렇게 말했다.

"이 약국이야말로 내가 오랫동안 꿈꾸며 상상해 왔던 바로 그 가게입니다."

마침내 그는 자기가 선택한 분야에서 자타가 인정하는 성공자가 되었고, 자기가 하고 싶은 일을 해 나가면서 행복한 삶을 살 수 있게 된 것이다.

성공하려면 괴테처럼 하라

몇 년 전, 나는 실업가 단체를 모아 놓고, 상상력과 잠재의식의 힘에 관한 강연회를 가진 적이 있다.

나는 이 강연에서, 괴테가 어려운 일에 직면할 때마다 이용했던 상상력에 대해 강조했다. 괴테의 전기를 읽어 보면 알 수 있지만, 그는 몇 시간씩이나 상상 속에서 대화를 즐기곤 했다. 자기 친구와 의자에 마주 앉아, 그가 자신에게 명쾌한 해답을 내려 주는 장면을 상상하였다. 그는 이를 습관화하였다.

괴테의 이러한 습관은 너무나 잘 알려진 사실이다.

그는 자신에게 어떤 문제가 생기면, 그에 대한 해결책으로 그의 친구가 일상적인 몸짓과 말투로써 대답해 주는 장면을 상상했던 것이다. 그는 이와 같은 모든 정경을 생생하게 현실적으로 볼 수 있었던 것이다.

내 강연회에 참석했던 한 젊은 주식 상인이 이와 같은 괴테의 기술을 사용하기 시작했다.

그에게는 억만 장자인 은행가 친구가 있었다. 얼마 전에 이 은행가는, 그 젊은 상인이 현명하고 건전한 판단을 내렸다면서 그가 한 일을 기뻐해 주었고, 또한 좋은 주식을 샀다 하여 칭찬해 준 적이 있었다. 그래서 그는 이 은행가와 마음의 대화, 즉 상상에 있어서의 대화를 시작했다.

그 결과 그는 마침내 상상의 대화를 신념의 한 형식으로 자기 마음 속에 정착시킬 수 있었다.

그의 마음 속 대화와 상상력은 자기의 고객을 위해 건전한 투자를 한다는 자기의 목적에 부합되는 것이었다. 그의 인생의 주요 목적은 자기 고객들로 하여금 돈을 벌 수 있도록 해 주고, 그들이 자기의 주권을 받아들여 금전적으로 번영하는 것을 보는 것이었다.

그는 또한 지금도 자기가 하는 일에 있어서 잠재의식의 힘을 이용하고 있다. 그리고 그가 그 분야에서 크게 성공하였음은 말할 것도 없다.

실패를 성공으로 바꾼 16세 소년의 기원

고등학교에 다니는 한 소년이 내게 이런 말을 한 적이 있다.

"저는 학교 성적이 아주 나빠요. 기억력도 좋지 못하고요. 도대체 왜 그런지 전혀 알 수가 없어요."

그래서 조사해 본 결과, 그 소년은 자기 선생님이나 친구들에게 전혀 무관심하며, 그리고 자기 친구들에게 화를 내기 일쑤라는 사실을 알아내었다.

나는 그에게 잠재의식의 사용법과 학업에서 성공할 수 있는 방법을 가르쳐 주었다.

그는 몇 가지 진리를 하루에도 몇 번씩이나 긍정하기 시작했다. 특히 잠자리에 들 때나 아침에 잠에서 깨어날 때 이를 주력했다. 그때가 잠재의식을 고취하는 데 가장 좋은 시간이었기 때문이다.

그 소년이 긍정한 내용은 이러했다.

"나는 나의 잠재의식이 기억의 창고라는 사실을 알았다. 나는 이 기억의 창고를 통해 책을 읽거나 선생님이 가르치신 것을 외워 둔다. 나는 완전한 기억력을 가지고 있다. 그리고 나의 잠재의식에 내재된 무한한 지성은 어떤 시험이든 내가 알고 있어야 할 모든 것을 나에게 가르쳐 준다. 나는 모든 선생님이나 친구들에게 사랑과 선의를 보낸다. 나는 진정으로 그들에게 성공과 번영이 이르기를 기원한다."

그 결과, 이 소년은 이제까지 경험하지 못했던 자유를 즐기고 있으며 학업 성적도 우수해졌다. 그는 아직도 선생님이나 그의 어머니가 자기의 학업 성적이 우수해진 데 대해 축하하고 있는 장면을 상상하고 있다.

매매에 성공하는 비결

매매의 경우, 의식하는 마음은 스위치이며, 잠재의식은 엔진이 된다는 것을 잊어서는 안 된다. 엔진이 작동되게 하려면 우선 스위치를 눌러야 한다. 즉, 당신이 의식하는 마음은 잠재의식의 힘을 일깨우는 발전기가 된다.

분명히 표시된 원망이나 사고, 또는 이미지 등을 마음 속 깊이 보내는 제1보는 마음을 편안히 하고 잡다한 생각들을 멈추며, 조용히 입을 다물고 있는 것이다.

이처럼 조용한 가운데 마음을 편안하게 하고 평화로운 심리 상태에 이르게 되면, 바깥 세계에 대한 일이나 그릇된 사고로 인해 당신의 마음이 이상을 흡수하는 데 방해받게 되는 일은 없다. 또한 조용히 수동적, 그리고 수용적인 마음을 가질 때는 노력을 최저한으로 낮추게 할 수가 있다.

그 두 번째 단계는, 자기가 바라는 일이 현실화되었다는 것을 마음 속 깊이 상상하는 일이다. 가령, 당신이 만일 집을 사고 싶다면, 마음의 긴장을 풀고 다음과 같은 사실을 긍정하면 된다.

"나의 잠재의식이 가지는 무한한 지성은 전지 전능하다. 그것은 지금 나에게 가장 이상적인 집을 제시해 주고 있다. 그것은 훌륭한 환경 속에 있어서 나의 모든 요구를 이루어 주며, 또한 나의 수입과 조화되는 것이다. 나는 지금 이와 같은 요구를 잠재의식에 인도한다. 나는 잠재의식이 내가 요구하는 대로 반응하여 준다는 것을 알고 있다. 마치 성장의 법칙을 절대적으로 믿고 있는 농부가 흙에다 씨앗을 뿌리는 것과 마찬가지로, 절대적인 신뢰를 가지고 이 요구를 해방한다."

당신의 기도에 대한 응답은 신문 광고를 통해 나타나는 수도 있고, 친구를 통하여 나타나는 수도 있을 것이다. 또한 찾고 있던 집과 꼭 부합되는 집을 직접 찾게 되는지도 모른다.

당신의 기원이 성취되는 방법은 여러 가지이다. 그러나 가장 중요한 것은, 자기 마음의 작용을 신뢰하면 답은 언제나 얻을 수 있다는 확신이다.

또한 집이나 토지, 그 밖의 재산을 팔고 싶을 때도 있을 것이다. 이러한 문제로 찾아오는 사람들에게 나는 대답 대신, 로스앤젤레스의 올랜드 거리에 있는 우리 집을 어떤 방법으로 팔았는지 얘기해 주곤 한다. 많은 부동산 매매자들이 내가 사용했던 방법을 통해 신통한 성과를 거두었다.

그럼 우리 집을 팔 당시 내가 사용했던 방법을 소개하겠다.

나는 그때 집 앞에다 '집을 내놓습니다—소유자'라고 쓴 팻말을 세워 놓았다. 그리고 다음날 밤 잠자리에 들 때 나는 마음 속으로 이렇게 물었다.

"이 집이 팔리고 나면 어떻게 하지?"

나는 스스로의 물음에 대해 이렇게 대답했다.

"나는 그 팻말을 뽑아다가 차고에 넣어 둘 것이다."

나는 상상 속에서 그 팻말을 뽑아 어깨에 메고 차고로 갔다. 그리고는 팻말을 내던지며 농 섞인 음성으로 이렇게 말했다.

"이제 너는 필요 없게 되었어."

나는 그때 모든 일이 끝났다는 실감을 느낄 수 있었고, 그 결과에 대하여 만족함을 느꼈다.

그리고 다음날, 한 남자가 나에게 1,000달러의 계약금을 가지고 와서 이렇게 말했다.

"이제 그 팻말을 치워 주십시오. 그리고 미교부 날인증서^{제3자에게 넘겨 놓고 나서, 조건이 성립되면 양도인에게 건네주어야 하는 증서}에 관해 상의합시다."

나는 즉각 그 팻말을 뽑아 가지고 차고로 갔다. 나의 상상이 실제 행위와 일치하는 순간이었다.

거울 속에 비친 모습은 바깥 모습과 같다.

또한 밖에서의 행위는 안에서의 행위에 따라 일어난다.

집이나 토지, 그리고 그 외의 재산을 팔 때 애용되는 또 하나의 방법이 있다. 천천히 그리고 조용히 생각하면서, 다음과 같이 긍정하는 방법이다.

"무한한 지성은 이 집을 원하고, 이 집을 사서 살면 무한히 번영할 수 있는 구매자를 나에게 이끌어 줄 것이다. 결코 실수하는 일이 없는 나의 잠재의식의 창조적인 지성이 이러한 구매자를 내게로 보낼 것이다. 그 사람은 이 집 외에도 많은 집들을 살펴볼 수 있지만, 그가 원하는 것은 오직 우리 집뿐이다. 왜냐 하면 그에게 내재하는 무한한 지성이 그를 우리 집으로 인도하기 때문이다. 나는 그가 우리 집을 사기에 적당한 사람임을 알고 있으며, 매매에 적절하고, 값 또한 가장 적절하다는 것을 알고 있다. 다시 말해, 모든 조건이 적절한 것이다. 이제 내 잠재의식의 흐름은 움직이기 시작하였고, 그 흐름은 하느님이 정하신 질서에 따라 우리 두 사람을 만나게 해 줄 것이다. 나는 그렇게 되리라고 확신한다."

또한 당신이 구하고 있는 것을 상대방도 동시에 구하고 있다는 사실을 잊어서는 안 된다. 그리고 당신이 집이나 그 밖의 재산을 팔고자 할 때는 언제나 그 물건을 원하는 사람이 있다는 것을 알아야 한다. 당신의 잠재의식의 힘을 올바르게 사용할 때, 매매시에 나타나는 경쟁 의식이나 두려움을 마음 속에서 모두 추방할 수가 있다.

자신이 원했던 자동차를 손에 넣은 부인

내가 강연이나 강좌를 가질 때마다 빠지지 않고 참석하는 한 젊은 부인이 있다. 그녀는 버스를 세 번씩이나 갈아타는 불편에도 불구하고 꼭 참석해 주었다. 강연회 장소까지 오는 데 약 1시간 30분이나 걸리는 먼 거리에 살면서 한 번도 빠진 적이 없었다.

한 강연회에서 나는 그녀에게, 사업 관계상 자동차를 필요로 하는 어느 청년이 차를 손에 넣는 데 성공한 이야기를 들려준 적이 있다.

그녀는 집으로 돌아가자마자 이를 곧 실험했다. 내가 말해 준 방법을 어떻게 그녀가 이용했는지 나에게 보내준 편지 내용을 여기에 소개한다.

'친애하는 머피 박사님! 내가 캐딜락을 손에 넣은 경위에 대해 말씀드리고 싶습니다. 나는 선생님의 강연에 빠짐없이 참석하기 위해서라도 자동차가 꼭 필요했습니다. 나는 상상 속에서 실제로 차를 운전하는 광경을 상상하였지요. 내가 자동차 전시장에 나갔을 때, 한 영업 사원이 동승하여 운전을 해 주었습니다. 나도 몇 킬로미터나 되는 거리를 스스로 운전하여 그 차를 몰았습니다. 나는 그 캐딜락 차가 내 차임에 틀림없다고 몇 번이나 마음속으로 되풀이하였지요. 나는 머릿속으로, 내가 그 차에 올라 운전을 하고, 차내 장식 등을 손으로 어루만지는 장면을 2주일 이상이나 끊임없이 그려 나갔습니다. 그 결과, 지난 주에는 캐딜락을 타고 박사님의 강연회에 참석하게 되었지요. 잉글우드에 사시던 나의 백부님이 돌아가셨는데, 그분이 나에게 캐딜락과 부동산 전부를 남겨 준 것입니다.'

성공하고 싶으면 당신이 성공해 있는 모습을 상상하라

하루에도 몇 번씩 반복하여 "성공한다"는 추상적인 말을 조용히 상상함으로써 성공은 자기 것이 될 수 있다는 사실을 확신하라.

실제 이런 방법으로 성공한 실업가는 너무나 많다.

그들은 성공한다는 생각이 성공에 필요한 모든 요소를 포함하고 있음을 잘 알고 있다.

그들과 마찬가지로, 당신도 자기를 향해 신념과 확신을 갖고 "성공한다"는 말을 지금부터라도 시작할 수가 있다. 당신의 잠재의식은 그것이 당신에게 있어서 참된 진리라는 것을 인정해 준다. 이렇게 되면, 당신은 성공하지 않고는 못 배기도록 잠재의식에 의해 강제된다. 당신은 자기의 주관적인 신념이나 인상, 그리고 확신 등을 표현하지 않을 수 없게 되어 있다.

당신에게 있어서 성공이란 무엇을 말하는 것일까?

당신은 분명히 당신의 가정 생활이나 다른 모든 사람들과의 관계에 있어서 반드시 성공하기를 원하고 있을 것이다. 그리고 자기가 선택한 일이나 직업에 있어서 남보다 뛰어난 존재가 되고 싶을 것이다. 또 당신은 아름다운 집을 소유하고, 멋지고 행복한 생활을 하는 데 필요한 돈을 갖고 싶을 것이다. 당신은 자신의 기도 생활, 또는 잠재의식의 힘과의 관계에 있어서 성공하기를 바라고 있는 것이다.

당신은 '인생'이라는 하나의 사업에 종사하고 있으므로 사업가이기도 하다. 성공한 실업가가 되어, 자기가 좋아하는 일을 하고 원하는 것을 가지도록 하라. 상상력을 풍부히 가지라. 자기가 현재 성공의 계단을 오르고 있다고 마음 속으로 상상하라. 그리고 이러한 상상을 습관화하도록 하라.

매일 밤 성공에 젖고, 그 성공에 대해 완전한 만족감을 가지게 되면, 결국에는 성공적으로 자기의 잠재의식에 성공의 나무를 심을 수 있다.

'나는 성공하기 위해 이 세상에 태어났다'고 생각하라. 그러면 당신이 원하는 것에 있어서 기적이 일어날 것이다.

도움이 되는 지시

① 성공이란 '성공된 생활'을 가리킨다. 당신이 평화롭고 행복하며, 자기가 하고 싶은 일을 즐겁게 하고 있다면 그것이 곧 성공이다.

② 스스로 하고 싶은 일을 찾고, 이를 이루도록 하라. 자기의 능력을 발휘할 수 있는 참된 방법을 모르면 잠재의식에 인도引導를 구하라.

③ 자기의 전문 분야를 파고들어, 그 분야에 관한 한 다른 어느 누구보다도 많이 알도록 하라.

④ 성공한 사람이 이기적인 것은 결코 아니다. 성공한 사람의 경우, 인생에 있어서 주된 소원은 인류에 대한 봉사이다.

⑤ 마음의 평화가 없이는 참된 성공을 거두기 어렵다.

⑥ 성공한 사람들은 깊은 심리적·정신적인 이해를 가지고 있다.

⑦ 자기의 목표를 명확하게 상상의 세계로 그릴 수 있으면, 기적을 일으키는 잠재의식의 힘에 의해 필요한 것을 공급받게 된다.

⑧ 사고와 실감이 융합되면 주관적인 신념이 된다. 그리고 당신이 소원을 확신하면 반드시 이루어진다.

⑨ 지속된 상상력의 힘은 잠재의식 속에 있는 기적을 일으키는 힘을 이끌어 낸다.

⑩ 출세하고 싶으면 고용주나 상사 또는 사랑하는 사람 등이 당신의 승진을 기뻐하는 광경을 상상하라. 당신의 마음의 그림을 생생한 것으로, 그리고 현실적인 것으로 하라. 상상 속에서 생생한 목소리를 듣고, 몸짓을 보고, 그 모든 것이 현실이라고 생각하라. 이것을 몇 번이고 반복하라. 당신의 상상 속에서 당신의 기원이 이루어진 기쁨을 실제처럼 체험하도록 하라.

⑪ 당신의 잠재의식은 기억의 창고이다. 완전한 기억력을 얻기 위해서는 하루에도 몇 번식 다음과 같이 긍정하라.

"나의 잠재의식이 가지는 무한한 지성은 언제 어디서든 내가 알아야 할 일들을 나에게 가르쳐 준다."

⑫ 집이나 토지, 또는 그 밖의 재산을 팔고자 할 때는 천천히 그리고 조용히 실감하며 다음과 같은 긍정을 되풀이하라.

"무한한 지성이 우리 집을 사고자 하는 사람을 내게로 인도해 줄 것이다. 지금 그 사람은 이것을 갖고자 원하고 있으며, 또한 그가 이 집을 사서 들어와 살면 무한한 번영을 얻게 될 것이다."

이러한 긍정을 지속적으로 하면 잠재의식 속에 흐르는 그 흐름이 이를 실현해 주게 된다.

⑬ 성공이라는 사고는 성공에 필요한 모든 요소를 지니고 있다. 신념과 자신감을 가지고 '성공'이라는 말을 자기 자신에게 자주 되풀이하라. 그러면 잠재의식은 당신에게 어떻게 해서든 성공하도록 만들 것이다.

12

과학의 성공과 성과는
잠재의식으로 이루어졌다

The Power of your subconsious mind

잠재의식의 중요성을 인정하고 있는 과학자는 너무나 많다. 에디슨, 말코니, 케테링, 포안 칼레, 아인슈타인 등과 같은 많은 과학자들은 이 잠재의식의 힘을 이용하였다.

그들은 근대 과학이나 산업에 크게 이바지하는 데 필요한 통찰이나 방법을 잠재의식에 의하여 얻었다.

모든 위대한 과학자나 연구가 들이 잠재의식의 힘에 의해 성공을 거두었다는 사실조차 결과로 나타나고 있다.

그 예로써, 유명한 화학자 프리드리히 폰 슈트라드니츠가 잠재의식을 이용하여 자기에게 주어진 문제를 해결한 이야기를 소개하겠다.

그는 오랫동안 벤젠 연구에 몰두하였다. 즉, 벤젠의 화학식에 있어서, 6개의 탄소와 6개의 수소의 배치를 바꾸려 했던 것이다.

그러나 그는 계속해서 어려움에 부딪쳤고, 해결의 실마리를 찾지 못하였다. 피로에 지쳐 버린 그는 생각 끝에 이 어려운 문제를 모두 잠재의식에 넘겨 버렸다.

그러고 나서 얼마 안 있어서, 그가 런던에서 버스를 타려고 했을 때였다. 그의 잠재의식이 그의 의심하는 마음에 대하여 이상한 광경을 비쳐 주는 것이었다. 뱀이 자기 꼬리를 물고 마치 불꽃과 같이 빙글빙글 돌고 있는 것이 아닌가!

그는 이처럼 잠재의식이 전해 준 해답으로 원자를 환상으로 배열하여 오랫동안의 문제를 해결했는데, 이것이 오늘날 벤젠 환環으로 알려진 화학식의 하나이다.

상상에서 완성하는 과학자의 발명

니콜라스 테스는 놀라운 발명을 이루어 낸 위대한 전기 과학자이다. 그는 새로운 발명 아이디어가 머릿속에 떠오르면, 이를 우선 상상의 세계에서 완성하였다. 그러면 그의 잠재의식이 이를 구체화하고 그에 필요한 부속품을 재구성하여 의식하는 마음에 나타내 보여 줄 것을 확신했던 것이다.

그는 모든 개량의 가능성을 조용히 명상하였다. 따라서 결점을 수정하는 데 소요되는 시간 낭비가 없었으며, 자기 마음의 완전한 제작품을 기사들에게 제시할 수 있었던 것이다.

그는 지난날을 이렇게 회고하였다.

"나는, 일단 움직이리라고 상상한 것은 반드시 똑같은 방법으로 움직인다는 것을 확신하였다. 지난 20년 동안 나의 상상에는 한 번도 예외가 없었다."

유명한 동물 학자의 문제 해결법

아가시즈 교수는 미국의 뛰어난 동물 학자이며, 잠재의식의 활동을 발견한 과학자 가운데 한 사람이다. 즉, 그는 자기가 잠들어 있는 사이에도 잠재의식은 끊임없이 활동한다는 것을 발견했다.

그럼 그의 미망인이 소개한 남편의 전기 가운데서 한 구절을 소개해 보도록 하겠다.

"어느 날 그는 석탄에 새겨진 물고기 화석을 발견하였다. 그러나 그것은 매우 불투명하였으므로 그 문제를 해결하기 위해 2주일 동안이나 계속해서 노력한 적이 있다. 그러나 그 문제는 쉽게 풀리지 않았다. 그러던 어느 날, 피로에 지친 그는 가수면 상태에서 이 문제를 잊으려고 노력했다. 그러나 그로부터 얼마 안 된 어느 날 밤, 그는 수면 중에, 그 화석에서 밝힐 수 없었던 몇 군데가 완전히 복원된 것을 보고 잠에서 깨어났다. 그러나 그 영상을 다시 한 번 기억하려 하였을 때, 그 영상은 그에게서 사라져 버렸다. 그는 다시 한 번 그 화석의 흔적을 보면 지워진 영상이 되살아날지도 모른다는 생각에, 아침 일찍 자르단드 프란트파리에 있는 동·식물 공원으로 가서 화석을 살펴보았으나 헛수고에 불과했다. 선명하지 못한 그 흔적으로 여전히 이해할 수 없었던 것이다. 그날 밤에도 남편은 꿈 속에서 문제의 물고기를 보았다. 그러나 이전처럼 만족할 만한 결과가 나타나지 않았다. 수면 중에 꿈 속에서 그 모습을 보고 잠에서 깨어났는데, 전과 마찬가지로 기억 속에서 사라져 버렸던 것이다. 사흘째 되는 날 밤, 똑같은 경험이 되풀이될지도 모른다는 기대 속에서 남편은 연필과 종이를 침대 옆에 놓고 잠자리에 들었다."

전기는 다음과 같이 이어진다.

"그러자 그날 새벽 무렵, 그 물고기가 또다시 꿈 속에 나타났다. 처음에는 선명치 못하다가 점점 뚜렷한 모습으로 나타나기 시작하였다. 그리고 끝내는 동물학적 특징에 대해 의심할 바가 없을 만큼 선명하게 나타났다. 그는 캄캄한 어둠 속에서 아직도 가수면 상태로, 미리 준비했던 연필을 가지고 자기가 보았던 물고기의 특징을 스케치하였다. 그날 아침, 잠에서 깨어난 남편은 밤중에 자기가 스케치했던 그림을 보고 깜짝 놀랐다. 그도 그럴 것이, 그 종이에는 도저히 화석으로써는 알 수 없었던 여러 가지 특징이 그려져 있었던 것이다. 남편은 그 즉시 자르단드 프란트로 직행하였다. 그리고 그 스케치를 토대로 하여 돌의 표면을 조심스럽게 깎아 나가자, 그곳에서 숨겨졌던 물고기의 형태가 나타났다. 그것이 완전히 드러났을 때 그건 자기가 꿈 속에서 보았던 것을 스케치해 둔 그림 그대로였다. 이렇게 하여 남편은 화석의 물고기를 분류하는 데 성공한 것이다."

당뇨병을 해결한 뛰어난 의사

몇 년 전, 나는 인슈린의 발견에 대해 최초로 다룬 잡지의 기사를 본 적이 있다. 기억나는 대로 말하자면, 그 기사의 요점은 대충 이러했다.

약 40년 전, 캐나다의 뛰어난 내·외과 의사였던 프레드릭 반뎅 박사는 당뇨의 해결에 대하여 모든 것을 집중하고 있었다. 당시의 의학은 당뇨병을 해결할 수 있는 유효한 방법을 전혀 갖고 있지 못했다.

반뎅 박사는 실험을 반복하고, 또한 많은 시간을 들여 그 문제에 대한 세계 각국의 문헌을 조사하였다.

그러던 어느 날 밤, 그는 피로한 몸으로 잠이 들었다. 잠들어 있는 동안 그는 잠재의식으로부터 변질된 개의 췌장 도관道管에서 그 잔재를 뽑아 내라는 지시를 받았다. 그리고 그 후, 수많은 사람들에게 도움을 줄 수 있는 인슐린을 발명해 낸 것이다.

반뎅 박사는 오랜 시간에 걸쳐 당뇨병에 대한 해결법에 대하여 의식적으로 생각해 옴으로써 그 잠재의식의 힘을 얻을 수 있었고, 이것이 문제 해결의 주요 핵심이 되었음을 알 수 있다.

그러나 잠이 깨면 항상 분명한 해답이 나오는 것은 아니다. 그 해답이 나오기까지 많은 시간이 걸릴 수도 있다. 그러나 그렇다고 실망할 수는 없다. 매일 밤, 잠자리에 들 때마다, 마치 그날 밤이 처음인 것처럼 당면한 문제를 자기의 잠재의식에 인도하여야 한다.

대답이 나오기까지 시간이 걸리는 한 가지 이유는, 그것을 당신이 너무 큰 문제로 생각하기 때문일지도 모른다. 즉, 그 문제가 해결되는 데는 오랜 시간이 필요하다는 생각이 그것이다.

당신의 잠재의식은 시간과 공간을 초월하고 있다. 따라서 이미 해답이 나와 있다고 믿고 잠들도록 하라. 답은 미래에나 있을 수 있다고 생각해서는 결코 안 된다. 당신이 이 책을 읽고 있는 지금, '나는 이미 완전한 해답을 얻었다'고 확신하도록 하라.

소련 강제 수용소에서 탈주한 과학자

모달 폰 블랜크 슈미트 박사는 로케트 연구협회의 일원이며, 또한 탁월한 전기공학의 연구자이기도 하다. 그는 소련의 탄광 수용소에서 잔인한 감시원에게 살해되기 직전에 잠재의식을 이용하여 탈주하였다. 그의 말을 요약

하면 다음과 같다.

"나는 포로가 되어 소련의 탄광에서 강제 노동에 종사했다. 우리는 잔인한 감시인과 오만한 사관士官들, 그리고 머리가 잘 돌아가는 예리한 인민위원들의 감시를 받고 있었다. 우리는 간단한 신체 검사를 받은 뒤 각자의 석탄 채굴량을 배당받았다. 나에게 주어진 할당량은 하루 3백 파운드였다. 만일 내가 이 할당량을 완수하지 못하면, 그렇지 않아도 부족한 급식이 더욱 줄게 되어, 필경 무덤에 들어가 휴식을 취해야 할 그런 입장이었다. 나는 어떻게 해서든지 이곳을 탈주해야 한다는 생각을 열심히 하기 시작했다. 나는, 어떤 방법이든 나의 잠재의식이 탈출구를 찾아 줄 것이라는 것을 알고 있었다. 독일에 있는 나의 집은 이미 파괴되었고, 가족은 몰살된 뒤였다. 또한 나의 모든 친구들이나 동료들은 전쟁에서 죽었든가 강제 수용소로 끌려갔든가 하였었다."

그는 자신의 잠재의식을 향하여 이렇게 기원했다.

"나는 로스앤젤레스에 가고 싶다. 나는 잠재의식이 그 방법을 찾아 주리라고 믿는다. 나는 로스앤젤레스의 시가지 사진을 본 일이 있으며, 큰 건물이나 길 등을 기억하고 있다."

매일 밤 그는, 전쟁이 터지기 전에 베를린에서 만났던 미국 소녀와 함께 로스앤젤레스의 윌셔 거리를 산책하는 광경을 상상하였다. 그녀는 지금 그의 아내가 되어 있다고 한다. 두 사람이 함께 상점을 구경하고, 버스를 타고, 레스토랑에서 식사하는 등의 즐거운 순간들을 마음 속 깊이 상상하였다. 그는 매일 밤마다 하루도 빠짐없이, 자기가 미군 군용차를 타고 로스앤젤레스의 거리들을 드라이브하는 장면을 상상하였다.

그는 이상의 모든 상상을 생생한 현실로서 받아들였다.

그가 마음 속에서 그린 이와 같은 그림들은 강제 수용소 담장 밖에 보이는 나무와 같이 그에게 있어서는 현실적이며 자연스러운 것으로 변해 갔다.

"매일 아침마다 그 수용소의 감시장은 수용자들을 정렬시키고 인원을 점검하곤 하였다. 그가 번호를 세어 나가다가 '열일곱' 하였을 때, 나는 한 발자국 옆으로 비켜 섰다. 17번이 나의 번호였기 때문이다. 그러던 어느 날, 나는 감시장의 호출을 받고 잠시 자리를 비운 일이 있었다. 돌아와 보니 그는 나를 젖히고 내 옆 사람을 17번으로 세어 인원을 점검해 나가고 있었다. 그날 밤, 작업반이 돌아왔을 때, 인원은 평소와 마찬가지였으나 내가 없어졌다는 사실을 그들은 알아차리지 못했다. 내가 없어졌다는 사실을 안 것은 훨씬 뒤의 일이었다."

슈미트 박사의 이야기는 계속된다.

"나는 수용소에서 아무도 눈치채지 못하게 빠져나와서 24시간 꼬박 걸었다. 그리고 다음날 아침, 나는 사람이 살지 않는 어느 빈 마을에서 휴식을 취하였다. 나는 그곳에서 물고기와 야생 동물을 잡아 허기진 배를 채웠다. 그리고 폴란드로 가는 석탄 열차를 발견하고 그 열차에 숨어 탔다. 마침내 나는 폴란드로 탈출할 수 있었다. 그 후 나는 친구의 도움을 받아 스위스의 루사안으로 향했다. 도중에 나는 밤을 맞아 루사안의 파레스 호텔에서 묵게 되었는데, 그곳에서 나는 미국에서 온 어느 부부를 만나 이야기를 하였다. 그들은 나에게 캘리포니아 주의 산타 모나카에 있는 자기들 집을 방문해 주도록 초청했다. 나는 그들의 초청을 기꺼이 받아들였다. 내가 로스앤젤레스에 도착하였을 때, 그들의 자가용 운전사는 나를 태우고 윌셔 거리를 달렸다. 내가 소련의 강제 수용소에 있을 때 그렇게도 상상 속에 그려 왔던 윌셔 거리를 말이다. 내가 상상 속에서 생생하게 보았던 커다란 건물들을 나는 직접 두 눈으로 볼 수 있었던 것이다. 나는, 언젠가 내가 마치 이곳 로스앤젤레스를 찾아왔었던 것 같은 착각을 느꼈다. 결국, 나는 그토록 마음 속으로 그려왔던 상상의 세계를 눈앞에서 볼 수 있었던 것이다."

그리고 박사는 다음과 같은 말을 덧붙였다.

"나는 일생 동안, 잠재의식이 갖고 있는 기적의 힘을 잊을 수가 없을 것이다. 잠재의식은 우리가 의식하지 못하는 그 방법을 알고 있다. 그것은 틀림없는 사실이다."

잠재의식에는 시간과 공간이 없다

이 분야의 과학자들은, 잠재의식은 과거에 일어난 모든 것을 기억하고 있다는 사실을 알고 있다. 그들의 잠재의식은, 그들이 고대의 유적이나 화석을 연구할 때, 상상력을 통하여 사물을 볼 수 있는 힘을 그들에게 주어, 고대의 현장을 재건하는 데 도움을 주었던 것이다.

과학자들은, 사장된 과거가 다시 되살아나고, 귀에 들려오는 고대의 사원을 보고, 고대의 도자기·조각·도구·가구 등을 연구하여, 언어가 없었던 시대의 모든 것을 우리에게 가르쳐 주고 이야기해 준다.

의사의 전달은 콧소리나 신음, 또는 손짓에 의하여 이루어졌다.

과학자들은 날카로운 상상력을 집중하고 훈련함으로써, 잠들어 있는 잠재의식을 일깨우고, 고대의 사원에다 지붕을 얹으며, 달과 연못과 분수를 이루게 할 수 있다. 또한 화석에도 눈과 몸뚱이와 살을 붙이고, 그래서 걷고 말할 수 있게 한다. 요컨대, 모든 과거가 살아 있는 현대로 변화하는 것이다.

우리는 이와 같은 현상에 의하여, 마음 속에는 시간과 공간이 있을 수 없다는 사실을 알게 된다. 상상력을 훈련·통제하고, 그 방향을 제시해 줌으로써 당신은 고금의 대학자·대사상가들의 대열에 끼일 수 있게 된다.

잠재의식으로부터 가르침을 받을 수 있는 기술

소위 '어려운 결단'을 내려야 할 때라든가, 문제 해결의 실마리가 보이지 않을 때는 그 일 자체에 대한 건설적인 면을 생각하여야 한다. 두려움이나 근심을 갖게 될 때는 사실상 아무것도 생각지 않고 있다는 증거가 된다. 참된 사고는 공포로부터 자유로운 때 이루어진다.

어떤 문제에 대해 가르침을 받을 수 있는 간단한 기술을 소개하겠다.

마음과 몸을 조용한 상태에 머물게 하라. 그리고 몸이 편안한 상태가 되도록 지시하라. 당신의 몸은 당신의 명령을 따르게 되어 있다. 육체는 의사나 주도성을 갖고 있지 못하며, 의식적인 지성도 지니지 못한다. 당신의 육체는 당신의 신념이나 인상을 기록하는 레코드 판과도 같다.

당신의 주의력을 발동하여 자기 자신의 문제를 해결하는 데 생각을 집중하라. 의식하는 마음에서 이를 해결하도록 시도하라. 그리고 그 문제가 완전히 해결되었을 때 기뻐 춤추는 광경을 상상해 보라. 모든 문제가 해결되었을 때의 감정을 느껴 보라. 편안한 마음으로 그와 같은 기분에 젖어 보라. 그런 뒤에 완전한 수면을 이루는 것이다.

잠시 잠에서 깨어났을 때, 해답이 나오지 않았거든 무엇이든 그 외의 다른 일에 열중하도록 하라. 그러면 아마도, 마치 제빵 틀에서 잘 구워진 빵이 튀어나오듯이, 해결의 방법이 머릿속에 떠오르게 될 것이다.

잠재의식의 가르침을 받게 되면, 아무리 어려운 일도 보다 간단하게 해결할 수 있게 된다. 예를 하나 들어 보자.

언젠가 나는 우리 집안에 대대로 전해 내려오는 귀중한 반지를 잃어버린 적이 있었다. 아무리 이곳저곳을 찾아보았으나 그것을 찾아낼 수가 없었다.

나는 이 문제를 잠재의식의 힘에 호소하였다. 밤에 잠자리에 들면서, 마치 누군가와 이야기하듯이 잠재의식과의 대화를 시작했다.

"너는 모든 것을 알고 있다. 그 반지가 어디에 있는지도 알고 있어. 그것이 어디에 있는지 나에게 가르쳐 다오."

다음날 아침, 잠에서 깨어났을 때, 나는 마음 속에서 들려오는 다음과 같은 말을 들을 수 있었다.

"로버트에게 물어 봐라."

이때 나는, 겨우 아홉 살밖에 안 된 로버트에게 그것을 물어본다는 것이 왠지 쑥스러웠으나 직관이 하는 말을 따르기로 했다. 그러고는 로버트에게 반지의 행방을 물으니 그는 다음과 같이 대답했다.

"아, 그 반지 말예요? 내가 친구들하고 정원에서 놀다가 주워서 내 책상 위에 놓아두었어요. 그 반지가 그렇게 중요한 것인 줄 몰라서 아무에게도 말하지 않았던 거예요."

이처럼 잠재의식을 신뢰하면, 그것은 언제나 그에 대한 해답을 준다.

잠재의식은 잃어버린 유언장을 다시 찾게 해 준다

다음은 나의 강연회에 참가해 온 한 청년이 경험했다는 이야기이다.

아버지가 돌아가셨는데, 분명 있어야 할 유언장이 보이지 않았다. 누이의 말에 의하면, 분명히 유언장을 써 놓았다는 아버지의 이야기를 들은 적이 있다고 했다. 그래서 그 유서를 찾기 위해 여러 가지로 힘써 보았으나 도저히 찾아낼 수가 없었다.

청년은 이를 잠재의식에 의뢰하기로 하였다. 그리고 밤에 잠들기 전, 자기 마음 속에 다음과 같은 암시를 주었다.

"나는 지금 이 문제를 나의 잠재의식에 의뢰한다. 잠재의식은 아버지의 유언장이 어디에 있는지 알고 있으며, 그것을 나에게 가르쳐 줄 것이다."

그로부터 그 청년은 온 마음을 아버지의 유언장이 숨겨진 곳에 쏟으며, 잠재의식으로부터 해답이 내려지기만을 고대하였다. 그리고 이러한 암시를 마치 자장가처럼 몇 번이나 되풀이하면서 잠에 빠져들었다.

다음날 아침, 그 청년은 왠지 로스앤젤레스에 있는 한 은행에 가고 싶은 기분에 사로잡혔다. 그래서 은행을 찾아갔는데, 뜻밖에도 그 은행에 아버지의 이름으로 등록된 금고가 있었고, 그 안에 유언장이 보관돼 있었던 것이다.

당신이 잠에 빠지면서 생각하는 일은 당신 속에 내재하는 잠재의식의 힘을 일깨워 준다. 만일 당신이 지금 집을 팔 것인가 말 것인가, 주식을 살 것인가 말 것인가, 또는 동업 중인 사업에서 손을 뗄 것인가 지속할 것인가, 지금의 계약을 파기하고 새로운 계약을 맺을 것인가 그대로 둘 것인가 등의 문제를 망설이고 있다면, 그때는 이렇게 해 보라.

안락의자에 편안히 앉아서 조용히 눈을 감고, 작용과 반작용이라는 보편적인 법칙이 있다는 것을 상기하라. 작용이란 당신이 생각하는 바 바로 그것이며, 반작용이란 잠재의식으로부터의 해답을 가리킨다. 잠재의식은 반작용하고, 또한 반사한다. 그것이 그의 본성이기 때문이다.

반작용은 반드시 보답할 줄 아는 동시에 복수할 줄도 안다. 이것이 바로 호응의 법칙이다. 그것은 상응하여 대답해 주는 것이다.

당신이 마음 속으로 적절한 작용을 생각하고 있으면, 자기 속에서 보다 적절한 반작용이나 응답을 자동적으로 체험하게 될 것이다. 이것이 바로 잠재의식의 유도誘導이자 그 해답이다.

가르침을 구하고자 할 때는, 적절한 작용에 관하여 단지 조용히 생각하는 것만으로 족하다. 즉, 잠재의식에 내재하는 무한의 지성을 이용하다 보면, 반대로 그것이 당신을 이용하게 된다.

이쯤 되면, 그 후 당신의 행동은 당신에게 내재하는 전지 전능한 주관적 지혜에 의해 지시를 받게 되고 통제당하게 된다.

당신의 결정은 전적으로 옳게 된다. 따라서 당신은 적절한 행동만을 취하게 된다. 왜냐 하면 적절한 행동만 취하지 않을 수 없게끔 주관적인 강제 하에 들어가기 때문이다.

나는 여기서 강제라는 단어를 사용하였다. 그 이유는 잠재의식의 법칙이 바로 강제이기 때문이다.

가르침을 받고 적절하게 행동하는 비결

가르침을 받고 적절하게 행동할 수 있는 비결은, 자기 안에서 올바른 응답을 찾아내기까지, 마음 속에서 올바른 해답에 모든 것을 맡기고 의뢰하는 일이다. 응답이란 감정이며, 내재하는 의식인 동시에 압도적인 예감이다. 그에 의해서 당신은 자기가 알고 있는 바를 깨달을 수가 있다. 당신이 그 힘을 충분히 이용하였을 때, 그 힘은 당신을 이용하기 시작한다.

자기 안에 존재하는 주관적 지혜 아래에서 움직이고 있을 때, 당신의 앞

220

길은 한 발자국도 실수 없이 손실을 보지 않게 된다. 당신의 앞길을 환하게 트여 있으며, 그 모든 것이 지극히 평화롭다는 것을 깨닫게 된다.

기억해야 할 요점

① 모든 위대한 과학자들의 성공이나 놀라운 성과는 잠재의식에 의해 이루어졌다는 사실을 기억하라.

② 어려운 문제를 해결함에 있어서 의식적으로 주의를 기울여 전념하면, 당신의 잠재의식은 모든 필요한 정보를 수집하여 완전한 해답을 의식하는 마음으로 전달한다.

③ 어떤 문제에 대해 어떻게 결정할 것인가를 망설이고 있을 경우, 이를 객관적으로 해결하도록 노력하라. 연구하고, 다른 사람들을 통하여 수집할 수 있는 모든 정보를 수집하라. 만일 그래도 해답이 나오지 않으면 잠들기 전에 이 문제를 잠재의식으로 인도하라. 그러면 반드시 해답을 얻을 것이다. 해답을 얻지 못하는 일은 결코 없다.

④ 하룻밤 지나고 나면 반드시 해답이 나오는 것은 아니다. 소망을 지속적으로 잠재의식에 주입하면, 마침내 어둠이 걷히고 먼동이 밝을 것이다.

⑤ '해답이 나오기까지는 많은 시간이 걸릴 것이다.' '그것이야말로 무엇보다도 어려운 문제다.' 이러한 생각들은 해답을 늦추는 원인이 될 수 있다. 잠재의식에는 불가능이란 것이 없다. 오직 해답만을 알고 있을 뿐이다.

⑥ 이미 해답은 나와 있다고 믿으라. 해답을 얻었을 때의 기쁨을 맛보고 완전한 해답을 얻었을 때의 감정을 느끼도록 하라. 당신의 잠재의식은 당신이 느끼는 바 감정에 반응하게 된다.

⑦ 마음 속에 그린 그림은 그것이 어떤 것이든, 신념과 인내만 있다면 잠재의식이 가지는 기적을 일으키는 힘에 의하여 실현된다. 이것을 깊이 신뢰

하라. 잠재의식의 무한한 힘을 믿어야 한다. 그래야만 당신이 소원을 기도할 때 기적이 일어난다.

⑧ 당신의 잠재의식은 바로 기억의 창고이다. 당신의 잠재의식 속에는 어렸을 때부터 당신이 겪은 모든 체험이 기록되어 있다.

⑨ 고대의 문서나 사원寺院, 또는 화석 등에 관하여 연구하는 학자들은 잠재의식에 의하여 과거의 현장을 재건하고 오늘의 것으로 할 수 있다.

⑩ 해답을 얻고자 할 때는 그 소원을 반드시 잠자리에 들면서 잠재의식에다 인도하도록 하라. 그것을 신뢰하면 반드시 해답은 나오게 되어 있다. 그것은 모든 것을 알고 있으며, 모든 것을 보고 있다. 당신은 그 힘을 의심하지 말아야 한다.

⑪ 당신의 생각은 바로 작용이며, 그에 대한 반작용이 잠재의식으로부터의 해답이다. 당신이 생각하는 바가 현명하다면, 당신의 행위나 결정도 모두 현명하다.

⑫ 잠재의식의 가르침은 느낌이나 내재하는 의식에 전달되어 압도적인 예감으로써 나타난다. 그것은 내재하는 촉각이다. 그를 따라가도록 하라.

13
문제의 모든 해답은
잠자고 있을 때 나온다
The Power of your subconsious mind

당신은 하루 24시간 가운데 8시간, 즉 전 생애를 통하여 3분의 1을 수면 속에서 보내게 된다. 이것은 누구에게나 평범한 법칙이다. 이 법칙은 또한 동물이나 식물의 세계에도 적용된다. 수면은 하느님의 규율이며, 우리가 직면하는 여러 가지 문제에 대한 해답은 그 대부분이 수면을 취하고 있을 때 나타난다.

많은 사람들은 다음과 같은 주장을 한다.

"사람은 낮에 피로를 느끼게 된다. 따라서 밤에 피로를 풀기 위해 잠을 잔다. 잠을 자는 사이에 회복 작용이 일어나는 것이다."

그러나 사실은 잠들어 있을 때 우리 몸은 아무것도 쉬지 않는다. 우리가 잠들어 있는 동안, 심장은 박동을 계속하고 있고, 폐 또한 활동을 계속하고 있으며, 그 외 모든 중요한 기관이 계속 움직이고 활동을 계속하고 있으며, 그 외 모든 중요한 기관이 계속 움직이고 있는 것이다. 만일 잠자면서 음식을 먹는다면, 그 음식은 깨어 있을 때와 마찬가지로 소화되고 흡수된다. 또한 피부는 땀을 분비하며, 손톱이나 머리칼은 무의식 중에 계속 자라고 있다.

당신의 잠재의식은 쉬지도 잠을 자지도 않는다. 그것은 언제나 활발하게 움직이면서 당신의 모든 생명의 힘을 지배하고 있다.

잠자고 있을 때 병이 빨리 낫는 이유는, 의식하는 마음으로부터의 방해가 없기 때문이다. 당신의 모든 해답은 잠자고 있을 때 나온다는 것을 염두에 두어야 한다.

인간이 잠을 자야 하는 이유

수면에 관한 유명한 연구가인 조 비게로 박사저서로《수면의 신비》가 있다가 증명한 바에 의하면, 잠을 자고 있을 때에도 모든 인상은 기록되고 있다. 또한 눈·귀·코·미각 등의 신경은 활동하고 있으며, 뇌신경 또한 대부분이 작동하고 있다고 한다. 그의 말을 빌리면, 우리 인간이 잠을 자야 하는 이유는 다음과 같다.

비교적 고도화한 영혼의 한 부분이 초탈에 의하여 우리의 고도화한 성질과 일체가 되고, 하느님의 지혜와 예지에 참가하기 위하여 잠을 잔다는 것이다.

비게로 박사는 또한 다음과 같이 주장한다.

"연구 결과, 나는 수면의 최종 목적을 알게 되었다. 흔히 생각하듯이, 수면은 일상적인 노동이나 활동으로부터의 탈피가 아니라는 내 신념이 한층 깊어졌다. 그뿐만 아니라, 인간의 생활 중에서 수면 상태에 들어가 현상계로부터 분리되는 시간만큼 균형되고 완전한 정신적 발전에 필요불가결한 것도 없다고 생각해야 한다는 나의 확신을 더 분명한 것으로 만들었다."

기도는 수면의 한 형식이다

당신의 의식하는 마음은 일상적인 근심과 투쟁, 그리고 논쟁 등에 휘말리고 있다. 따라서 정기적으로 감각 자료나 객관적 세계에서 잠시 물러나서, 잠재의식에 내재하는 지혜와의 조용한 교류가 절대 필요하다. 당신의 전반에 있어서, 유도誘導와 그 힘과 보다 큰 지성을 부여하도록 기도함으로써 모든 고난을 극복하고 일상의 문제를 해결할 수 있다.

이처럼 기도는 감각 자료나 일상 생활에서의 혼란, 또는 소란에서 정기적으로 물러서는 수면의 한 형식인 것이다. 다시 말하자면, 당신은 오감의 세계에 대해서는 수면을 취하고, 잠재의식의 지혜와 힘에 대해서는 눈을 떠야 한다.

적당한 수면은 인생의 즐거움과 활력을 낳는다

수면 부족 상태가 되면 매사에 짜증이 나고 불쾌해지며, 또한 심한 우울증을 느끼게 된다.

전국위생협회의 조지 스티븐슨 박사는 수면에 대해 이렇게 말하고 있다.

"어떤 사람이든 건강을 유지하기 위해서는 최소한 하루 6시간의 수면이 필요하다. 그리고 실질적으로는 그 이상의 수면이 필요하다. 혹자는 6시간이 아닌 그 이하의 수면으로도 충분하다고 말하지만, 이는 그 자신을 기만하고 있는 결과가 된다."

수면 작용이나 수면 박탈 등을 연구하고 있는 의학자들은; 심한 불면증은 간혹 정신병의 원인이 된다고 주장하기도 한다.

당신은 수면에 의해 정신적으로 재충전되고 있으며, 적당한 수면은 인생의 즐거움과 활력을 낳는 데 불가결한 것임을 잊어서는 안 된다.

수면이 보이는 신비

로버트 오브라이언은 《리더스 다이제스트》에 기고한 〈당신은 보다 많은 수면이 필요하다〉라는 기사에서 수면에 대해 다음과 같은 보고를 하고 있다.

"워싱턴DC에 있는 월터 리트 육군 연구소에서 일련의 실험이 3년 동안 계속되어 오고 있다. 1백 명 이상의 군인과 민간인으로 이루어진 이들 피실험자들은 4일 동안이나 수면을 취할 수 없는 상태에 놓여졌다. 그들을 상대로 몇 천 가지나 되는 수많은 실험이 진행되었고, 그로 인한 그들의 행동이나 인격에 미치는 영향이 측정되었다. 이와 같은 실험의 결과로 과학자들은 수면이 보이는 신비에 대하여 놀랄 만큼 새로운 통찰을 얻고 있다.

지금으로서는, 피로한 두뇌가 강렬히 수면을 요구하고 있으며, 그를 위해서는 어떤 것이든지 희생할 것임을 알고 있다. 단 몇 시간의 수면 시간을 빼앗겼을 경우, 납세스瞬眠 또는 마이크로 슬리프徹眠 등으로 불리는 순간적인 가면假眠 상태가 한 시간에도 서너 번씩이나 일어난다. 이런 때는 깊은 수면에 취해 있을 때부터 아래로 눈꺼풀이 덮이고 심장의 고동 소리가 둔화된다.

1회의 순면瞬眠의 깊이는 불과 몇 분의 1초라는 짧은 것이었다. 또한 그것은 공백의 시간일 때도 있었다. 심상心象이나 어떤 하찮은 꿈을 꿀 때도 있었다. 잠을 잃어버린 시간이 길어지면 길어질수록 수면의 횟수는 더욱 빈번해지고, 또한 한층 길어져서 2, 3초가 계속되기도 하였다. 피실험자가 뇌우 속에서 여객기를 조정하는 경우라도 단 몇 초 동안이라도 수면을 취해야 한다는 생리적인 욕구를 뿌리칠 수는 없다. 자동차를 운전하다가 깜빡 잠이 들어 버렸던 많은 사람들이 증언하고 있듯이, 그와 같은 현상은 당신에게도 일어날 수 있고, 또한 일어나고 있다.

수면을 빼앗길 때 일어나는 또 하나의 놀라운 악영향은 인간이 기억과 지각에 대한 것이다. 수면 시간을 빼앗긴 많은 피실험자들은 주어진 정보를 충분히 기억하고 보관·유지할 수 없는 데서 자기들이 하기로 되어 있는 일에 이를 이용할 수가 없었다. 비행사가 바람의 방향이나 속도, 그리고 고도 등을 교묘히 종합하여 안전한 착지를 하는 경우처럼, 그 몇 가지 요인을 기억하고 그에 기준하여 행동해야만 하는 상황에 놓이게 되면, 수면 부족의 피실험자들은 저도 모르게 당황해 버리는 것이다."

잠재의식은 정확한 충고를 내려준다

아침마다 계속해 온 나의 라디오 강연을 청취해 온 로스앤젤레스의 어느 젊은 부인이 나에게 이런 말을 한 적이 있다.

"지금의 월급보다 두 배나 많이 준다는 새로운 일자리가 뉴욕에 나타났었지요."

그녀는 이 일을 받아들여야 할지 거절해야 할지 몰라서 잠자리에 들기 전에 다음과 같은 기도를 올렸다고 한다.

"내 잠재의식의 창조적인 지성은 어느 한쪽이 나에게 유리한가를 알고 있다. 잠재의식은 언제나 생명을 지향하고 있으며, 나와 내가 관계하는 모든 사람들에게도 축복될 만한 당연한 결정을 나에게 내려 줄 것이다. 그와 같은 해답이 반드시 나타날 것을 믿고 나는 그에 대하여 감사한다."

그녀는 자리에 들기 전에, 마치 자장가처럼 이와 같은 내용의 기도를 몇 번씩이나 되풀이하였다.

그리고 그녀는 다음날 아침, 그 일이 받아들여서는 안 된다는 집요한 느낌이 들었다.

그녀는 그 새로운 일자리를 거절하였다. 그리고 그때부터 일어나고 있는 일련의 사건은 그녀에게 내재하는 지각 작용이 옳았다는 것을 입증했다. 즉, 새로운 일자리를 주겠다던 뉴욕의 그 회사는 그로부터 불과 몇 개월 후에 파산해 버렸다.

의식하는 마음은 객관적으로 알려져 있는 사실들에 대해서는 정확할지 모르지만, 잠재의식의 직관력은 그 일의 불가함을 간파하고 그녀에게 정확한 충고를 내려 주었던 것이다.

제2차 세계 대전의 재액災厄으로부터 구원받다

당신의 잠재의식이 가지는 지혜는, 당신이 잠들기 전에 올바르게 행동할 수 있도록 기도하면, 그 기도 내용에 따라 당신에게 올바른 지시를 내려 주고 보호해 준다.

여기에 그 한 예를 소개한다.

몇 십 년 전, 그러니까 제2차 세계 대전이 일어나기 전의 이야기이다.

나는 지극히 좋은 조건으로 어떤 일을 맡아 달라는 요청을 동양으로부터 받았다. 나는 그때, 그 일을 맡아야 할 것인가 거절해야 하는가를 알기 위해 이렇게 기도했다.

"나에게 내재하는 무한한 지성은 모든 것을 알고 있다. 따라서 하느님의 질서에 따라 정당한 결정이 나에게 내려질 것이다. 그에 대한 해답이 나오면 나는 이를 인정할 것이다."

나는 잠이 들기 전에 이와 같은 간단한 기도를 마치 자장가처럼 몇 번이나 되풀이하였다.

그러던 어느 날, 3년 뒤에 일어날 일련의 사건들이 내 꿈 속에 생생히 나타났다. 꿈 속에 나의 친구가 나타나 이렇게 경고하는 것이었다.

"그 일을 맡아서는 안 돼. 그곳에 가면 안 돼!"

이는 3년 뒤에 벌어질 제2차 세계 대전을 가리키고 있었던 것이다.

그 동안 나는 정상적인 꿈을 꾸어 왔지만, 이러한 꿈은 의심할 것도 없이, 잠재의식이 내가 믿고 존경하는 인물을 상대로 한 편의 드라마를 형성해 준 것이다.

또한 경계 신호의 하나로, 꿈 속에서 어머니를 만나는 사람도 있다. 꿈 속에 어머니가 나타나서 '그 쪽으로 가면 안 된다, 이쪽으로 가면 안 된다' 등과 같은 경고를 하는 것이다.

이처럼 당신의 잠재의식은 전지 전능하다. 당신의 잠재의식은 종종 당신의 의식하는 마음이 사실이라고 인정하는 목소리로써 당신에게 이야기해 준다. 당신의 잠재의식은 이따금 어머니 등과 같은 사랑하는 사람의 목소리로써 당신에게 경고를 내리기도 한다. 그 목소리 덕분에 당신은 길을 걸어가다가도 발걸음을 멈추게 된다. 나중에 알고 보니, 그때 걸음을 멈추지 않았더라면 빌딩 창문에서 떨어지는 어떤 물체로 말미암아 당신의 머리가 크게 다치게 되었을지도 몰랐다는 사실을 알게 되기도 한다.

그때 나의 잠재의식은 일본 사람들이 전쟁을 계획하고 있다는 것을 알고 있었으며, 따라서 머지않아 전쟁이 일어나리라는 사실을 알고 있었다.

듀크 대학 심리학과 과장인 라인 박사는 이렇게 말하고 있다.

"이 세상의 많은 사람들은 사건이 일어나기 전에 이미 그 사건을 보고 있었으며, 그럼으로써 앞서 꿈 속에서 보았던 생생한 비극적 사건을 피할 수 있었다는 것을 증명하는 방대한 양의 증거 자료를 가지고 있다."

내 꿈은, 진주만의 비극이 일어나기 약 3년 전에 〈뉴욕 타임스〉의 타이틀 기사로써 분명히 내게 제시해 주었다.

그때 나는 잠재의식의 가르침을 그대로 받아들여, 계획했던 여행을 취소해 버렸다. 그리고 그로부터 3년 후, 제2차 세계 대전이 시작됨으로써 내 안에 존재하는 그 직관의 목소리가 옳았다는 것을 깨달았다.

잠재의식 속에 당신의 미래가 있다

당신의 장래, 즉 당신이 습관적으로 생각하고 있는 일들의 결과는, 그것이 당신의 기도에 의해 바뀌지 않는 한, 이미 당신의 마음 속에 내재한다는 것을 잊지 말아야 한다. 개인의 경우와 마찬가지로 국가의 장래 또한 국민들의 집단적인 의식 속에 내재한다.

제2차 세계 대전이 일어나기 훨씬 전에 나는 꿈 속에서 〈뉴욕 타임스〉에 보도된 전쟁 기사를 보았지만, 이 꿈에는 별로 신기한 것이 없었다. 그 전쟁은 이미 나의 마음 속에서 일어나고 있었고, 전쟁의 모든 계획은 이미 잠재의식이라든가, 보편적 정신의 집단적 무의식이라 불리는 위대한 기록 기계 속에 각인되어 있었다. 내일 일어날 일들이 당신의 잠재의식 속에 이미 담겨져 있는 것이다. 다음 주 또는 다음 달에 일어날 일들 역시 마찬가지이다. 고도의 심령적인 사람들, 또는 천리안적인 사람들이 미래를 볼 수 있는 것은 그 모두가 이와 같은 잠재의식의 힘인 것이다.

당신의 기도로써 결심하는 일이라면, 그 어떤 재해나 비극도 당신에게는 일어날 수 없다. 오직 당신의 정신적인 태도, 즉 당신의 사고 방식과 느낌의 방식, 그리고 믿음의 방식 등이 당신의 운명을 좌우한다.

당신은 앞에서 말한 과학적인 기도로써 자기 자신의 미래를 형성할 수 있으며 창조하게 된다. 사람은 일단 자기가 뿌린 씨앗의 열매는 반드시 거둬들이게 되어 있다.

졸면서 1만 5천 달러를 번 사나이

몇 년 전, 내 제자 가운데 한 청년이 레이 헤머스트롬이라는 사람에 대한 신문 기사를 오려서 나에게 보내 온 적이 있다. 피츠버그의 존슨 앤드 라프린 제철회사의 제강소에서 압연공으로 일하고 있는 헤머스트롬은 자기가 꾼 꿈에 의하여 1만 5천 달러를 벌었다는 것이다.

그 기사에 의하면, 그의 공장에 새로이 설치될 강봉 압연기에서 강봉을 냉각상으로 보낼 때 이를 조종하는 스위치가 제대로 작동하지 않았는데, 기사들은 이것을 고칠 수가 없었다. 이 스위치 장치를 고치려고 그 기사들이 몇 십 번이나 애를 썼지만 번번이 실패했다.

따라서 이 문제를 심각하게 생각한 헤머스트롬 씨는 보다 새롭고 편리한

디자인을 고안해 내기 위해 몰두했다. 그러나 그 역시 거듭된 실패를 맛보았다.

그러던 어느 날 오후였다. 그는 피곤에 지쳐 잠시 잠이 들었는데, 잠이 들기 전에 그는 그 문제의 스위치에 관해 골똘히 생각하고 있었다.

그는 자면서 꿈을 꾸었는데, 그 꿈 속에서 본 대로 새로운 설계도를 그렸고, 결과는 대성공이었다.

결국, 그는 이 새로운 설계도로 말미암아 회사 측이 내걸었던 1만 5천 달러의 현상금을 받게 되었다.

잠자면서 문제를 푼 저명한 대학 교수

나는 얼마 전 펜실베이니아 대학의 앗시리아어 교수인 H. V. 헬프리히드라는 저명한 교수가 쓴 다음과 같은 글을 읽은 적이 있다.

"어느 토요일 저녁, 바빌로니아 인의 반지에 붙어 있었던 것으로 생각되는 두 개의 마노 조각에 대한 수수께끼를 풀기 위해 온갖 노력을 다하였지만 아무런 성과도 못 보고 피로만 가중되었다. 한밤중이 되어 몹시 피로한 몸을 침대에 눕혔는데, 나는 그 잠자리에서 놀라운 꿈을 꾸었다. 꿈 속에서 한 40세쯤 되어 보이는 키가 크고 깡마른 닙푸르Nippur : 기원전 약 3,000년경에 번창했던 바빌로니아의 유적 도시로서 약 70년 전에 발굴되었다의 사제가 나를 사원의 보물 창고로 데리고 갔는데, 그곳은 창문이 없는 천장이 낮게 내려앉은 조그만 방이었다. 그곳에는 마노와 루비 등이 마룻바닥에 흩어져 있었는데, 그 사제가 나에게 말했다. '당신이 22쪽과 26쪽에 각각 따로 게재한 두 개의 마노 조각은 하나로 된 것이며, 반지는 아닙니다 ……. 맨 첫번째, 그 두 개의 가락지는 비장秘藏의 귀고리였지요. 당신이 가지고 있는 두 개의 마노 조각은 그 한 부분입니다. 당신이 그 두 개를 맞추어 보면 내 말이 사실이라는 것을 알게 될 것이오.' 나는 잠에서 깨어났다. 그리고 그 마노 조각을 조사해 보니 놀랍게도 꿈에서 본 그대로였다. 이렇게 나는 오랫동안 해결할 수 없었던 문제를 꿈 속에서 나타난 그 사제로 말미암아 풀 수 있었던 것이다."

이 이야기는 모든 문제에 대한 해답을 가지고 있는 잠재의식의 창조적인 힘을 명백히 가르쳐 주고 있다.

잠재의식은 대작代作도 해 준다

스티븐슨은 그의 저서 《평원平原을 넘어서》라는 작품에서 한 장을 거의 꿈 이야기로 할애하고 있다. 그는 선명한 꿈을 꾸어 온 사람으로서, 매일 밤 잠들기 전에 반드시 잠재의식에 잊지 않고 특별한 지시를 한다는 것이다. 그는 잠재의식에, 자기가 잠들어 있는 사이에 이야기를 전개해 주도록 부탁하곤 했다.

예를 들어 보자.

가령, 주머니가 비게 되면 그는 잠재의식에 이렇게 명령했다.

"잘 팔려서 돈을 벌 수 있는 재미있고 훌륭한 소설을 하나 주시오."

그러면 그의 잠재의식은 언제나 그의 이러한 기도를 받아들여 멋진 이야기를 그에게 제공하였다.

"이와 같이 꼬마 브라우니스코틀랜드의 전설로서, 밤에 나타나 청소며 탈곡 등과 같은 농가의 일을 도와준다는 난쟁이 이야기. 여기서는 잠재의식의 지성과 힘을 가리킨다들은 나에게 처음부터 차례차례 이야기를 제공해 준다. 그리고 그 소설의 창작자로 생각하고 있는 나 자신은, 그 이야기들을 그 브라우니들이 어떻게 전개해 준 것인지 전혀 모르고 있는 것이다."

그는 덧붙여 말하고 있다.

"내가 잠에서 깨어났을 때, 즉 나의 의식이 완전히 깨어 있을 때 내가 한 일이란 부르는 대로 따라 쓰는 대필에 불과하다. 그 브라우니들은 내가 깨어 있을 때에도 나의 일에 관여하기 때문이다."

불면증, 이렇게 극복할 수 있다

불면증으로 괴로워하는 사람들에게 다음과 같은 기도가 효과적임을 깨닫게 될 것이다.

우선 잠들기 전에 천천히, 그리고 조용히 애정을 곁들여 다음과 같이 되풀이하라.

"발가락이 아주 편안하다. 복사뼈가 편안하다. 복근이 편안하다. 심장과 폐가 편안하다. 나의 몸과 마음은 모두 편안하다. 나는 그 모든 것에 대하여 모든 것을 흔쾌히 허락한다. 그 사람들에게 건강과 평화, 그리고 인생의 모든 축복을 기도한다. 나는 평화롭다. 나는 균형이 잡혀 있으며, 평온하고 안정되어 있다. 나는 안심하고 평화로이 쉴 수 있다. 커다란 고요가 나의 온몸을 감싸고 있다. 내가 나 자신 속에 있는 하느님의 존재를 실감함에 따라 위대한 고요가 나의 온몸을 감싸준다. 생명과 사랑을 실감함으로써 나는 치유될 수 있다는 것을 알고 있다. 나는 사랑의 망토로 나를 감싸고, 모든 사람들에 대해 충만한 선의감을 가슴에 품고 잠자리에 든다. 밤 내내 평화가 나와 함께 한다. 아침에는 사랑으로 충만해 있을 것이다. 나는 지금 사랑의 꽃에 감싸여 있다. 나는 결코 악을 두려워하지 않는다. 하느님이 나와 함께 계시기 때문이다. 나는 평화롭게 잠들고 기꺼이 잠에서 깨어난다. 그리고 주님 앞에서 나는 살고 움직이며, 그리고 존재한다."

잠자면서 성공할 수 있는 방법과 그 요약

① 만일 늦잠 잘 우려가 있을 때는 잠들기 전에 당신의 잠재의식에 아침 몇 시에 깨어나고 싶다는 생각을 정확히 암시하라. 그러면 잠재의식은 반드시 당신을 그 시간에 깨워 줄 것이다. 잠재의식에는 시계가 필요 없다. 어떤 문제에 있어서나 이와 같은 방법을 되풀이하라. 잠재의식에는 어려운 문제가 없기 때문이다.

② 당신의 잠재의식은 결코 잠자는 일이 없다. 그것은 밤낮 없이 항상 일을 하면서 당신의 모든 생명 기능을 통제하고 있다. 잠자리에 들기 전에 당신 자신이나 다른 사람을 막론하고 모든 사람을 응시하도록 하라. 그러면 치유의 기적이 훨씬 빨리 나타날 것이다.

③ 가르침은 당신이 잠들어 있는 동안 부여된다. 치유의 흐름 또한 해방되어, 아침이 되면 신선하고 젊음을 되찾은 느낌으로 충만해진다.

④ 온갖 잡다한 일들로 인해 괴롭고 피로할 때는 마음의 활동을 멈추고, 당신의 지시를 기다리고 있는 잠재의식의 지혜와 이성에 대해 생각하라. 이는 곧 당신에게 평화와 힘과 자신을 준다.

⑤ 수면은 마음의 평화와 육체의 건강에 있어서 필요불가결한 것이다. 수면이 부족하면 모든 일에 짜증이 앞서며, 우울하고 불쾌하여 정신병의 원인이 되기도 한다. 하루 24시간 중 적어도 8시간은 잠을 자야 한다.

⑥ 불면증은 곧 정신병의 신호'라고 지적하는 의학자들의 말을 잊지 말라.

⑦ 수면을 통해 당신은 정신적인 충전을 받게 된다. 따라서 적당한 수면은 인생의 기쁨이나 활력을 위해 빼놓을 수 없다.

⑧ 피로한 두뇌가 수면을 원한다는 것은 당연한 일이다. 두뇌는 수면 시간을 얻기 위해 무엇이든지 희생할 수 있다. 수면 운전의 경험이 있는 사람이라면 이것이 무엇을 의미하는지 알 것이다.

⑨ 수면을 빼앗기게 되면 기억력이 감퇴하게 되어 적절한 마음의 조정이 불가능해진다. 그런 사람들은 조그만 일에도 당황하게 되고, 자기 할 바를 잃게 되며, 혼란한 상태에 빠지곤 한다.

⑩ 충분한 잠을 자게 되면 지혜가 샘솟는다. 잠들기 직전에, 잠재의식의 무한한 지성이 당신을 가르쳐 주고 지시해 준다고 단언하라. 그러면 잠에서 깰 때 그와 같은 가르침이 나타날 것이다. 그것을 기대하고 기다리라.

⑪ 당신의 잠재의식을 완전히 믿고 신뢰하라. 그것은 늘 생명을 지향하고 있다는 것을 확신하라. 때로는 잠재의식이 아주 선명한 꿈이나 환상의 형식으로 해답을 보여 줄 때가 있다. 필자가 체험한 것과 같이 당신도 꿈 속에서 당신이 미래에 대한 경고를 받을 수 있다.

⑫ 당신의 마음 속에 당신의 미래가 들어 있다. 그것은 습관적인 사고나 신념에 의해 결정된다. 당신의 미래가 끝없이 번영된다고 단언하라. 그렇게 믿고 받아들이면, 언제나 당신이 기대한 좋은 결과가 당신에게 나타나게 된다.

⑬ 만일 당신이 지금 소설 또는 극본을 쓰고 있다거나 발명에 몰두하고 있다면, 잠들기 전에 잠재의식에 이를 알리라. 그리고 잠재의식의 무한한 힘과 지혜, 또는 지성이 당신을 인도하여 이상적인 소설 또는 극본 등을 쓸 수 있도록 가르쳐 줄 뿐만 아니라, 어떤 문제든 해답을 제시해 준다고 대담하게 단언하라. 그러면 반드시 기적이 일어날 것이다.

14

다른 사람과 조화를 유지하기 위한 열쇠

The Power of your subconsious mind

이 책을 공부하다 보면, 잠재의식이란 마치 녹음기와도 같음을 알 수 있을 것이다. 마치 녹음기와도 같이, 잠재의식은 그 위에 새겨진 것은 무엇이든 충실히 재현한다는 것을 알 수 있을 것이다. 이거야말로 황금률을 인간 관계에 응용하는 이유 가운데 하나이다.

〈마태복음〉 제7장 12절을 보라.

"무엇이든지 남에게 대접을 받고자 하는 대로 너희도 남을 대접하라."

이 말에는 내적인 의미와 외적인 의미가 내포되어 있다.

여기에서 당신이 관심을 갖게 되는 것은 아마 잠재의식의 입장에서 본 그 내적인 의미일 것이다.

남들이 당신을 이러이러하게 생각해 주었으면 좋겠다고 바라는 것과 마찬가지로, 당신 또한 남들이 당신에게 바라고 있는 바를 들어 주도록 하라.

남들이 당신에게 어떠한 행동을 취해 주었으면 하고 바라듯이 당신 또한 그들에게 당신이 원하는 바를 이야기하도록 하라.

가령, 당신이 회사 사람 누군가에게 정중하고 예의 바르게 대했는데도 그 사람이 당신에게 그렇게 대하지 않을 때에는 당신이 화를 내고 그를 비판할지도 모른다.

그러나 그러한 부정적인 생각은 당신에게 있어서 지극히 파괴적인 것이다. 이는 마치 독약을 씹는 것과도 같은 행위이다. 그리고 실제로, 당신은 마음의 독약을 씹는 것이 된다.

이러한 부정적인 행위나 느낌은 당신으로부터 활력과 힘, 그리고 가르침과 선의를 빼앗아 간다. 그리고 이러한 것들이 당신의 잠재의식 속에 가라앉아서 당신의 인생에 온갖 고난과 질병을 안겨 준다는 사실을 잊지 말아야 한다.

잠재의식에는 어떠한 복수심이나 동정심도 없다

"비판을 받지 아니하려거든 비판하지 말라. 너희의 비판하는 그 비판으로 너희가 비판을 받을 것이요, 너희의 헤아리는 그 헤아림으로 너희가 헤아림을 받을 것이니라. 어찌하여 형제의 눈 속에 있는 티는 보고 네 눈 속에 있는 들보는 깨닫지 못하느냐?"

〈마태복음〉 제7장 1~3절

이 성경 말씀을 연구하고, 거기에 내재되어 있는 진리를 응용하는 것이 다른 사람과 조화를 이룰 수 있는 참된 열쇠이다.

비판한다는 것은 곧 생각한다는 뜻이며, 마음 속에서 정신적인 판결이나 결론을 내리는 것을 의미한다. 다른 사람을 위하여 당신이 생각하는 것, 바로 그것이 당신의 사고思考이다. 왜냐 하면 당신은 바로 그와 같은 것을 생각하고 있기 때문이다.

당신의 생각은 창조적인 것이다. 따라서 당신은 실제로 생각하고 느끼는 바를 자기 자신의 체험이라는 형태로 만들어 낸다.

또한 당신이 다른 사람들에게 부여하는 그 암시가 당신 자신에게도 부여된다는 사실을 알아야 한다. 당신의 마음은 곧 창조의 수단이기 때문이다. 이것이야말로 바로, '너희의 비판하는 그 비판으로 너희가 비판을 받을 것이요.'라는 말의 참된 이유인 것이다.

이와 같은 법칙이나 잠재의식의 작용을 알려면, 우선 다른 사람들에·대하여 올바르게 생각하고 느끼고 행동하도록 노력하지 않으면 안 된다. 이 말은 인간의 행방을 가르치고 있으며, 또한 당신의 개인적인 문제에 대한 해결책을 가르쳐 줄 것이다.

"너희의 헤아리는 그 헤아림으로 너희가 헤아림을 받을 것이니라."

당신이 남에게 보여 주는 착한 일들은 같은 방법으로 다시 당신에게로 돌아오게 된다. 그리고 당신이 남에게 보여 주는 악한 일 역시 당신의 마음의 법칙에 의해 당신에게로 돌아오게 된다. 만일, 다른 사람을 속인다거나 배반하는 사람이 있다면, 그는 실제로 자기 자신을 배반하고 기만하는 것이 되는 것이다. 그의 죄악이나 상실감은 언제 어디서든 반드시 자기 자신에게 손실을 주며, 잠재의식은 마음의 작용을 기록하여 정신적인 의도나 동기를 첨가하여 반작용을 일으킨다.

당신의 잠재의식은 특정한 인격을 갖지 못하며, 또한 불변적이다. 개인을 고려한다거나 종파적 구별 같은 것은 일체 하지 않는다. 잠재의식에는 어떠한 복수심이나 동정심도 없다.

따라서 다른 사람들에 대한 당신의 생각이나 느낌은 결국 모두 당신에게로 되돌아온다는 것을 잊지 말아야 한다.

신문 기사를 보고 병이 치유된 남자

지금 곧 당신 자신에 대한 관찰을 시작하라. 그리고 다른 사람들이나 상황, 그리고 환경에 대한 당신의 반응을 관찰하라.

당신은 하루하루 발생하는 사건이나 뉴스에 대하여 어떻게 반응하는가? 다른 사람들은 모두 나쁘고 자기만 옳다고 하더라도 그것은 마찬가지이다.

만일 그날의 뉴스가 당신의 마음을 혼란스럽게 한다면, 그것은 당신의 악惡의 원인이 된다. 당신의 그러한 부정적인 감정이 당신으로부터 평화와 조화를 빼앗아 가기 때문이다.

얼마 전에 어느 부인이 나에게 편지를 보내온 적이 있는데, 내용을 보니 자기 남편에 관한 일이었다. 그 편지에 의하면, 그녀의 남편은 신문의 칼럼을 읽으면서도 갑자기 버럭 화를 낸다는 것이었다. 이처럼 울컥 화를 냈다가 다시 화를 억제하는 행동을 반복하다 보니 출혈성 궤양증이 생겼다는 것이다. 이를 진찰한 의사들은 정서를 재조정하라고 권했다.

나는 그녀의 남편을 초청하여 '정신의 작용'에 대해 설명해 주었다. 그리고 자기와 의견이 다르고, 자기로서는 인정하고 싶지 않은 기사를 남들이 쓴다고 하여 버럭 화를 낸다는 것은 그야말로 정서 미숙이라고 일러 주었다.

그는 그제야 비로소 그러한 사실을 깨닫는 것 같았다. 즉, 그 신문사가 비록 정치적으로나 종교적으로 자기와 의견을 달리 하더라도 그것은 불가항력적이라는 것이다. 그리고 또한 신문사 측에서도 자기에게 그 기사와 반대되는 내용의 글을 쓸 수 있도록 지면을 할애한다는 사실도 깨달았다.

그는 남들에게 불쾌감을 주는 일 없이 자신의 반대 의견을 말할 수 있다는 것을 깨달았다. 그는 자기가 어떠한 것에 대해 영향을 느끼는 것은, 결코 남들의 말이나 행동 때문이 아니라, 자기 자신의 반응 때문이라는 너무도 단순한 진리를 깨닫게 된 것이다.

이러한 나의 설명은 그에게 있어서 구원과도 같은 것이었다. 그리고 내가 가르쳐 준 대로 거듭 연습한 결과, 조간 신문을 보고 화를 내는 무의미한 행동에서 벗어나게 되었다고 한다.

그의 아내가 나중에 나를 찾아와서 이렇게 말했다.

"그 후부터 그이는 신문 기사를 보면서 웃을 수 있는 여유가 생겼지 뭐예요."

요컨대, 그는 이제 그와 같은 기사를 보고 버럭 화를 내는 소인적인 행동에서 탈피한 것이다. 그 결과, 그 동안 자신을 괴롭히던 궤양증에서 벗어난 것은 물론이다.

다른 사람의 비난과 험담에서 벗어나는 비결

어떤 여비서가 회사 여사원들에 대해 불만을 털어 놓았다. 그녀의 말을 빌리면, 여사원들이 자기에 대해 헛소문을 퍼뜨리고 이러쿵저러쿵 험담을 늘어놓는다는 것이었다.

그녀는 평소부터 자기가 여자를 싫어한다는 것을 알고 있었다. 그리고 자기 스스로도 '나는 여자를 싫어하지만 남자는 좋아한다'고 말할 정도였다.

그녀의 말을 듣고 나서 나는 그녀가 회사 안에서 몹시 오만하여 고압적인 자세를 취하고 있다는 사실을 알았으며, 그녀가 자기 부하 여사원들을 대할 때 아주 짜증스러워한다는 것을 알았다.

그래서 나는 그녀에게, 그렇기 때문에 회사 여직원들이 당신을 구차스러운 존재로 여기고 농담의 대상으로 삼고 있다고 말해 주었다. 그녀의 말투에는 어딘가 장황스러운 데가 있었으며, 그녀의 목소리도 어쩐지 상대방으로 하여금 몹시 불쾌감을 느끼게 한다는 것을 알 수 있었다.

만일 회사나 공장 사람들 모두가 당신을 괴롭힌다면, 그와 같은 동요나 괴로움·소동 등이 바로 당신의 잠재의식에 각인되어 하나의 형태로 나타나는 것이 아닌가를 먼저 생각해 보아야 한다.

우리가 개 앞에서 무서워한다거나 싫어하는 기색을 보일 때, 그 개는 더욱 심한 반응을 나타낸다는 것을 알고 있다. 동물은 당신의 잠재의식의 진동을 수신하고 그에 상응하는 반응을 보인다. 그리고 훈련을 받지 못한 많은 인간들 역시 이 개나 고양이처럼 민감하다는 것을 알 수 있다.

나는 여자를 좋아하지 않는 그 여비서에게 기도를 권한 뒤 이렇게 말했다.

"당신이 정신적 가치와 연휴하여 생명의 진리를 긍정하기 시작한다면, 당신의 그 좋지 않은 목소리나 버릇은 완전히 사라질 것입니다. 그건 내가 책임 지고 보장하지요."

그녀는, 자신의 증오감이 그렇게 말투나 행동, 또는 그 밖의 모든 생활에 있어서 나타난다는 사실을 알고 놀라움을 금치 못했다.

그녀는 자신의 전형적인 증오감에서 비롯되는 반응을 중단했다. 그녀는 마음 속 깊이 한 가지 형태를 갖추어 기도했다. 지금 자신이 회사 안에서 규칙 바르고 조직적으로, 그리고 양심적으로 업무에 임하고 있다고 마음 속에 새겼다.

그녀의 기도 내용은 다음과 같다.

"나는 애정을 가지고 조용히, 그리고 평화로이 생각하며 이야기하고 행동한다. 나는 지금, 나를 비난하고 험담을 퍼뜨리는 모든 여사원들에게 사랑과 평화와 관용과 친절을 베푼다. 나는 내가 생각하는 바를 평화와 만인에 대한 선의 위에 놓겠다. 나는 나에게 내재하는 조화와 건강과 평화의 원리라는 진리를 더욱 생각하고 이야기하고 행동하려 하고 있다. 창조적인 지성은 모든 점에서 나를 가르치고 인도하며, 나를 지배하고 안내하여 준다."

이러한 기도를 실천해 가는 동안, 그녀는 점차 변화하기 시작하였다. 그와 함께 그녀를 향한 모든 비판이나 조소도 사라져 갔고, 문제의 여사원들은 그녀와 함께 인생의 협력자가 되었으며 친구가 되었다는 사실을 그녀는 깨닫게 되었다. 그녀는 자기를 변화시킬 수 있는 것은 오직 자기뿐임을 발견한 것이다.

승진이 멎어 버린 세일즈맨의 새로운 출발과 도약

어느 날, 세일즈맨 한 사람이 나를 찾아와서는, 자기가 회사의 세일즈 매니저와 함께 일해 나가는 데 많은 어려움을 겪고 있다고 호소했다. 그는 그 회사에 10년 동안이나 근속하고 있었으나 승진이라고는 한 번도 해 본 적이 없으며, 또한 회사에서 전혀 인정도 받지 못한다는 것이었다. 그는 나에게, 그 동안 자기가 이루어 온 판매 실적을 보여 주었는데, 그것은 확실히 그 분야에서 다른 세일즈맨들에 비해 훨씬 뛰어난 성적이었다.

그는 다음과 같이 말했다.

"우리 회사의 세일즈 매니저는 근본적으로 나를 싫어합니다. 그렇기 때문에 그는 항상 나를 부당하게 대우하고, 여러 사람들이 모인 회의석상에서도 심한 모멸감을 안겨 주며, 내가 아이디어를 내어 건의하면 비웃어 버리죠."

나는 그의 말을 듣고 나서 그에게, 틀림없이 그 원인의 대부분은 당신 자신에게 있으며, 또한 상사에 대한 당신의 사고나 신념이 당신의 반응의 증거가 되어 있다는 점을 설명해 주었다. 그러니까 '너희가 헤아리는 그 헤아림으로 너희가 또한 헤아림을 받을 것이다'고 하는 성경 말씀을 그에게 이야기해 준 것이다.

세일즈 매니저에 대한 그의 속마음은, 그 세일즈 매니저는 비열하고 심술궂은 사람이었다. 따라서 그는 자기 상사에 대하여 분노와 반감으로 가득 차 있었다. 그래서 그는 회사 출근 길에 항상, 세일즈 매니저에 대한 비판이나 마음 속에서의 대꾸, 그리고 비난과 욕설로 가득 차 있는 자기 자신과의 대화를 계속해 왔던 것이다.

그러니까 그는 자기 스스로가 마음 속에서 방출했던 것을 필연적으로 돌려받아야 하는 낭패한 입장에 선 것이다. 이 세일즈맨은 자기 내부에서의 대화가 지극히 파괴적인 것이었다는 사실을 깨달았다. 입 밖에 내지는 않았지만, 마음 속에 간직한 생각이나 감정, 또 마음 속에서 혼자 진행해 온 세일즈 매니저에 대한 비난이나 험담, 그 모두가 자신의 잠재의식으로 받아들여졌기 때문이라는 사실을 깨달았던 것이다.

그로 인해 그는 결과적으로 상사로부터 부정적인 반응을 받게 되었을 뿐만 아니라, 그 밖의 여러 가지 개인적·육체적·정서적인 질병을 일으키게 되었다.

그 후 그는 수시로 다음과 같이 기도하였다.

"나는 우주에서 단 하나뿐인 생각하는 인간이다. 내가 상사에 대해 생각하는 것들에 대해서는 나 자신이 책임을 진다. 매니저는 내가 그를 어떻게 생각하든 아무런 책임이 없다. 나는 나를 고통스럽게 하고, 모든 사물에 대해 힘을 빌려주기를 거부한다. 나는 나의 상사를 위하여 건강과 성공, 마음의 평화, 그리고 행복을 기도할 것이다. 나는 진심으로 그를 위해 기도한다. 그리고 모든 점에서 그가 하느님의 가르침을 받고 있다는 것을 나는 확신한다."

그는 이와 같은 기도를 소리 내어 천천히, 그리고 조용히 감정을 불어 넣으며 되풀이했다. 또한 자기 마음은 마치 정원과 같아서, 그곳에 뿌려진 씨앗에 따라 새싹을 얻게 된다는 것을 확신하였다.

나는 또한 그에게, 잠들기 전에 마음의 그림을 그리도록 권했다. 즉, 그의 근무 태도나 일에 대한 열성, 그리고 고객들로부터의 대대적인 반응을 본 그의 세일즈 매니저가 이를 축복해 주는 장면을 상상하도록 한 것이다.

그 후로 그는 마음 속에 그러한 그림을 그리면서 이 모두가 진실이라고 느꼈다. 그는 상상 속에서, 자기가 그 매니저와 악수를 하는 장면을 보고, 그가 칭찬하는 목소리를 들었으며, 그가 웃음을 보내는 장면을 생생하게 보았다. 그는 참된 마음의 영화를 만들었고, 가능한 한 이를 멋있게, 그리고 극적인 것으로 만들었다. 밤마다 그는, 자기의 잠재의식을 감광판과 같음을 확인하면서, 이와 같은 마음의 영화를 계속 되풀이하였다.

그러자 그 마음 속의 영화는 소위 정신적인 침투에 의하여 자동적으로 그의 잠재의식에 각인되고, 그것이 현실로 나타났다.

그 후, 그의 세일즈 매니저는 그를 샌프란시스코로 초대하고 그를 위해 파티를 베풀어 주었으며, 지역 담당 세일즈 매니저라는 새로운 직위까지 주었다. 그리고 100명의 부하를 배치해 주고, 급료도 대폭 인상해 주었다.

그가 상사에 대한 마음가짐이나 평가를 새롭게 했을 때, 그의 상사 역시 그에 따라 반응해 준 것이다.

정서적인 성숙

다른 사람들의 말이나 행동은 당신이 확고한 신념을 잃지 않는 이상, 당신을 고통스럽게 하거나 짜증스럽게 할 수 없다. 다른 사람이 당신을 고통스럽게 할 수 있는 유일한 방법은 당신 자신을 통해서만 가능하다. 가령 당신이 화를 내기까지는 네 가지 단계가 당신의 마음 속에서 일어나야 한다.

우선 당신은 다른 사람이 한 말에 대하여 생각하기 시작한다. 그리고 당신은 화를 내기로 결정하고 분노와 감정을 일으킨다. 그 뒤에 행동을 일으킬 것을 결정하고, 말대꾸와 같은 방법의 반응을 보이게 된다. 이로써 사고·감정·반응·행동이라는 네 가지 단계가 모두 당신의 마음 속에서 일어남을 알게 될 것이다.

당신이 감정적으로 성숙하면 다른 사람에 의해 가해지는 비판이나 노여움에 대하여 나쁜 반응을 나타내지 않게 된다. 그런 말을 하는 것은, 자신의 유치한 정신 활동 상태를 나타내는 것이며, 다른 사람들의 부정적인 분위기와 함께 어울린다는 것을 의미한다.

함께 어울리기 원한다면, 당신이 가지는 인생의 목적과 하나가 되라. 다른 사람이나 지위, 또는 그 외의 사건 등에 의하여 당신에게 내재하는 목적과 하나가 되라. 다른 사람이나 지위, 또는 그 외의 사건 등에 의하여 당신에게 내재하는 평화감平和感이나 고요, 또는 빛나는 건강을 해치는 일이 있어서는 안 될 일이다.

사랑 없는 인격은 병들어 죽게 된다

정신분석학의 건설자인 오스트리아의 학자 프로이트는, 사랑 없는 인격은 병들어 죽게 된다고 말한다.

사랑이란 이해·선의, 그리고 다른 사람들에게 내재하는 신성에 대한 존경 등을 포함하고 있다. 당신이 사랑과 선의를 베풀고 이를 짜내면 짜낼수록 그만큼 많은 사랑과 선이 당신에게로 돌아온다.

만일 당신이 다른 사람들의 자존심에 상처를 입힌다면, 당신은 그의 선의를 기대할 수가 없다. 어떤 사람이든 사랑을 받고 감사함을 느끼며, 이 사회가 보다 필요로 하는 존재이기를 원하고 있다는 것을 인정해 주어야 한다. 다른 모든 사람들도 자기 자신의 참된 가치를 의식하고 당신의 경우와 마찬가지로 생명 원리의 표현이라는 존엄성을 느끼고 있다는 것을 깨달아야 한다. 당신이 의식적으로, 그리고 확신을 가지고 이를 인정한다면 당신은 그 사람이 원하는 바를 이루어 준 것이 되며, 따라서 그 사람 또한 사랑과 선의로써 당신에게 보답해 줄 것이다.

관객들에게 사랑의 파동을 방출한 배우

어떤 배우 한 사람이 나에게 이런 말을 한 일이 있다.

"내가 첫 무대에 섰을 때, 관객들은 심한 말로 나를 야유했다. 그러나 그때 나는 야유를 받아야 할 이유가 없었다. 왜냐 하면 나는 각본에 따라 움직였을 뿐이기 때문이다."

이렇게 말한 그는 다음과 같이 결론을 내렸다.

"그 이후로 나는 관객에 대해 끊임없이 증오감을 느끼고 있었다."

그는 관객에게 험한 말로 욕설을 퍼부었다.

"바보들, 멍청이들, 무식한 것들……."

결국 그는 무대에 싫증을 느껴 배우를 그만두고 1년쯤 상점에서 일을 하였다.

어느 날, 친구들이 '타인과의 관계'라는 주제의 강연을 듣기 위해 뉴욕에 함께 가자고 그를 찾아온 일이 있었다. 그리고 이 강연이 결정적으로 그의 인생을 뒤바꾸어 놓았다.

그는 무대로 돌아갔고 관객에 대하여, 그리고 자기 자신을 위하여 진지한 마음으로 기도를 시작했다.

그는 매일 밤무대에 나서기 전에 사랑과 선의를 베풀었다. 그는 하느님의 평화가 모든 관객들의 마음에 충만하고, 그로 인해서 그들은 고취되고 고무될 것이라는 단언을 습관화했다.

공연이 있을 때마다 그는 사랑의 파동을 관객들에게 방출하였다. 그리고 오늘날 그는 위대한 배우가 되었다.

그는 관객을 사랑하고 존경하며, 그의 이와 같은 선의와 존경이 모든 사람에게로 전해지고 느껴진 것이다.

이해한다는 것은 용서한다는 것이다

이 세상에는 마음이 삐뚤어지고 왜곡되어 다루기에 몹시 어려운 사람이 있다. 그런 사람들은 좋지 못한 조건하에 형성된 사람이다.

수많은 사람들이 정신적인 범죄자로 낙인 찍히고 있으며, 말이 많고 비협조적이며 심술궂은 데다 냉소적이어서, 인생 그 자체에 열등 의식을 지니고 있다.

그들은 요컨대 심리적인 병자들이다.

많은 사람들이 절름발이 같은 비뚤어진 마음을 가지고 있지만, 그 대부분이 어렸을 때부터 이미 그렇게 형성되어 버렸다는 것을 알아야 한다.

또한 대부분의 사람들은 태어난 그 순간부터 이미 정신적인 불구자이다. 당신은 결핵을 앓고 있는 사람을 비난하지는 않을 것이다. 마찬가지로, 마음의 병을 앓고 있는 사람들을 비난해서는 안 된다.

어쩌다 꼽추가 된 사람을 미워하거나 추하게 여기는 사람은 없을 것이다. 마찬가지로 마음의 꼽추가 된 사람 역시 미워하거나 추하게 대할 수는 없다.

이 세상에는 너무나 많은 마음의 꼽추가 있으며, 그 많은 사람들에게 우리는 동정과 이해로 대해야 한다.

모든 것을 이해한다는 것은 모든 것을 용서한다는 뜻이다.

자기가 비참할 때 남도 비참하기를 바라는 마음

증오심에 가득 차고 좌절되어, 마음이 삐뚤어지고 의혹된 사람은 무한한 힘과 화합하지 못하는 그런 사람이다. 이런 사람들은 평화롭고 행복하며, 즐거움에 차 있는 사람을 보면 저도 모르게 불만과 질투를 느끼게 된다.

그리고 자기에게 친절히 대해 준 사람들에 대해서까지 그들을 비난하고 저주하고 중상하는 것이 보통이다.

이 사람들의 태도는 이렇게 나타낼 수 있다.

'나는 이처럼 불행한데, 저 사람들은 어째서 저렇게 행복할 수 있단 말인가!'

그는 다른 모든 사람들도 자기와 같이 불행 속에 빠지기를 원한다. 내가 비참할 때는 남도 역시 비참해야 한다는 왜곡된 인간 심리가 바로 이것이다.

이를 바꿔나갈 수 있다면, 당신은 마음의 움직임 없이 냉정과 침착성을 지켜 나갈 수 있다.

상대의 입장에 서서 생각하라

어떤 젊은 여성이 최근 나를 찾아와, 같은 회사에 근무하는 다른 여사원을 몹시 증오한다고 말한 일이 있다. 그녀가 증오를 품게 된 원인은 지극히 단순한 것이었다.

즉, 그 여성이 자기에 비하여 너무 아름답고 너무 행복하며 너무 돈이 많다는 것이다. 더구나 그녀는 그들이 근무하고 있는 회사 사장과 약혼한 사이이기도 하였다.

그들이 결혼을 한 뒤 어느 날, 그녀가 증오해 왔던 여성의 절름발이 딸전 남편의 자식이 회사를 찾아온 일이 있다. 그 소녀는 엄마의 손을 붙들더니 이렇게 말하는 것이었다.

"엄마, 나는 아빠가 정말 좋아요. 보세요, 아빠가 이런 걸 사 주셨단 말예요."

하면서 장난감을 내보였다.

나를 찾아온 여성을 이렇게 말하였다.

"나의 마음은 그 소녀에게 이끌렸습니다. 소녀가 얼마나 큰 기쁨에 들떠 있는가도 알았습니다. 갑자기 나는 그녀에 대한 사랑을 느꼈습니다. 나는 그녀를 찾아가 축하한다고 말했습니다. 그것은 진정 마음 속에서 우러나오는 축하의 말이었으며 나의 진심이었습니다."

심리학자들 사이에서는, 이와 같은 상태를 감정의 이입이라 부른다. 그것은 자기의 심리적 태도를 다른 사람의 심리적 태도에 투사한다는 것을 의미한다.

그녀는 자기의 기분이나 마음 속의 참된 느낌을 깨닫고 이를 또 다른 한 여성의 기분 속에 투사하였으며, 또 다른 그 여성의 두뇌를 통하여 사무를 보거나 생각하게 된 것이다.

그녀는 진짜로 자기가 증오하여 왔던 여성처럼 생각하고 느끼기 시작한 것이다. 또한 그녀는, 자신을 그 소녀의 마음 속에서 투사하고 있었으므로 그 소녀와 같이 생각하고 느낄 수 있었던 것이다.

만일 남에게 상처를 주거나, 또는 그를 나쁘게 생각하고 싶은 기분이 들 때는, 마음 속에서 자신을 모세의 마음에 투사하여 십계十戒의 입장에 서서 생각하라. 만일 누구를 원망하거나 질투하거나 또는 분노를 느낄 때에는 자기를 그리스도의 마음에 투사하여 그의 입장에 서서 생각하라.

그러면,

"너희는 서로서로 사랑하고 아낄 것이다."

라는 성경의 옳은 뜻을 느끼게 될 것이다.

부분의 조화는 전체의 조화이다

남의 일에 파고들어 짜증스럽게 만들 말이나 자극적인 행동, 즉 이른바 심장 공격心腸攻擊 등으로써 주가를 올리려고 생각해서는 안 된다. 그러한 사람들은 당신을 노예화하고 그가 명령하는 대로 실행하기를 강요하는 독재자이다. 친절한 말과 행동을 하도록 노력하라. 항복降伏하기를 거절하라. 달래 보았자 그것은 허사이다.

그러한 사람들의 비행非行·이기利己·소유욕 등에 공헌하게 될 행위를 거절하라. 옳은 일을 해야 한다는 것을 항시 잊어서는 안 된다. 당신이 이 세상에 태어난 것은 자기 이상을 실현하고 영원의 진리, 또는 영원한 생명의 정신적 가치를 충실히 지키기 위해서이다.

이 세상 어떤 사람에게라도, 당신의 숨겨진 재능을 표현하고, 인류에 봉사하며, 하느님의 지혜와 진리와 아름다움도 이 세상 모든 사람들에게 표현한다는 인생의 근본 목표와 목적으로부터 당신을 분리하려는 힘을 주어서는 안 된다.

언제까지나 당신의 이상에 충실하라. 당신 자신의 평화와 행복, 또는 성공에 도움이 되는 것은 이 지구상의 다른 모든 사람들에게도 필연적으로 축복되리라는 것을 절대적으로 확신하라.

부분의 조화는 전체의 조화이다. 왜냐 하면 전체는 부분 속에 있으며, 또한 부분은 전체 속에 있기 때문이다.

사도 바울은 말했다. 당신이 모든 사람들을 위하여 하여야 할 의무는 사랑이다. 그리고 사랑이란 건강과 행복과 마음의 평화에 대한 법칙을 실현하는 것, 바로 그것이다.

도움이 될 인간 관계의 지침

① 당신의 잠재의식은 녹음기와 같은 것이며, 당신이 습관적으로 생각하는 일들을 실현해 준다. 남의 일에 대하여 깊이 생각하라. 그러면 그것은 곧 자기 자신을 깊이 생각하는 결과가 된다.

② 증오심이나 분노 등은 마음의 독毒이다. 남을 나쁘게 생각해서는 안 된다. 왜냐하면 그것은 곧 자기 자신을 나쁘게 생각하는 것과 같은 일이기 때문이다. 당신은 자기의 우주 속에서 사고하는 유일한 사람이다. 당신이 생각하는 일에는 창조력이 있다.

③ 당신의 마음은 창조력 있는 매체이다. 따라서 당신이 다른 사람들에 관하여 생각하거나 느끼는 것을, 당신은 자기 체험의 형태로서 실현하고 있다. 이것이 바로 황금률의 심리학적 의미이다. 남이 자기에 대하여 이러이러하게 생각해 주었으면 하는 바를 당신이 먼저 생각하도록 하라.

④ 남을 기만하고, 남의 것을 빼앗고, 속이는 것은 결핍·손실·부자유를 자기 자신에게 돌아오게 한다. 당신의 잠재의식은 당신에게 내재하는 동기와 사고와 느낌 등을 그대로 기록한다. 이 모두는 부정적인 성질의 것이므로 모든 면에서 사실·부자유·분쟁 등이 당신을 찾아오게 된다. 실제로 당신이 남에게 하는 일을 곧 당신 자신을 위해서 하고 있는 것이 된다.

⑤ 당신의 선행, 당신이 제공하는 친절, 당신이 베푸는 사랑과 선의는 여러 면에 있어서 그 몇 배의 이자가 붙어 돌아오게 된다.

⑥ 당신은 자기 세계에 있어서 사고를 계속하는 유일한 한 사람이다. 당신에게는, 다른 사람에 대하여 어떻게 생각하는지의 문제에서 책임이 있다. 당신이 다른 사람들을 어떻게 생각하는지의 문제에는 그들에게는 전혀 책임이 없다는 것을 잊어서는 안 된다. 당신이 생각하는 그 모든 것은 반드시 재현된다. 당신은 다른 사람들에 대하여 지금 어떻게 생각하고 있는가?

⑦ 정서적으로 성숙하여, 다른 사람들이 자기와 의견을 달리 하더라도 이를 인정해야 한다. 그들에게는 당신과 다른 의견을 가질 수 있는 충분한 권

리가 있다. 또한 당신 역시, 다른 사람들과 의견을 달리 할 자유가 있다. 기분을 상함이 없이 이설異說을 주장할 수 있는 것이다.

⑧ 동물은 당신의 공포의 파동을 느끼고 당신에게 덤벼든다. 당신이 동물을 사랑한다면, 그 동물들은 결코 당신을 공격하지 않는다. 훈련되지 못한 사람들과 마찬가지로 개나 고양이 등 동물 또한 민감하고 예민하다는 것을 알아야 한다.

⑨ 당신 마음 속의 언어는 생각이나 느낌 등을 표현하고, 당신에 대한 다른 사람들의 반응으로 체험된다.

⑩ 자기 자신을 위하여 원하는 바를 다른 사람들을 위하여 기원하도록 하라. 이 방법이야말로 조화적인 인간 관계에 이르는 비결이다.

⑪ 고용주에 대한 생각이나 평가를 새롭게 하라. 고용주는 황금률과 사랑의 법칙을 실행하고 있음을 느끼고 또한 믿으라. 그러면 고용주 또한 그에 따른 반응을 보이게 될 것이다.

⑫ 당신이 침착하게 자기 자신을 유지할 수만 있다면 다른 사람들이 당신을 괴롭히거나 짜증스럽게 할 수는 없다. 당신의 사고에는 창조력이 있다. 당신은 다른 사람들에게 축복을 줄 수 있다. 어떤 사람이 당신을 보고,
"건방진 녀석."
이라고 비난하더라도 당신은,
"하느님의 평화가 그대를 충만하게 하리라."
이렇게 말할 수 있는 자유가 있다.

⑬ 사랑은 다른 사람들과의 조화를 이루는 열쇠이다. 사랑이란 이해와 선의를 뜻하며, 타인의 신성神性에 대한 존경이다.

⑭ 당신은 꼽추나 앉은뱅이를 미워하지 않을 것이다. 오히려 그런 사람들에게 동정을 느낄 것이다. 부정적인 조건에 놓여 있는 정신적 꼽추에 대하여 동정과 이해를 보이라. 모든 것을 이해한다는 것은 모든 것을 허용하는 것이다.

⑮ 남의 승진이나 성공, 또는 행운을 마음으로부터 기뻐하라. 그렇게 함으로
써 당신은 자기 자신에게 행운을 오게 할 수 있다.

⑯ 감정적인 논의나 남의 신경질에 말려들어서는 안 된다. 달래도 소용 없다.
옳은 일에서 벗어나서는 안 된다. 자기의 이상을 놓치지 말고 자기에게 평
화와 행복·기쁨 등을 주는 생각은 옳고 선하며, 그리고 진리라는 것을 확
신하라. 당신이 축복해 주는 것은 만인들 또한 축복해 준다는 것을 알라.

⑰ 당신이 이 세상 모든 사람들에게 베풀어야 할 것은 사랑이다. 그리고 사
랑이란 당신이 당신 자신을 위해 기도하는 것, 즉 행복과 건강, 그 외 모든
인생의 축복은 이 세상 모든 사람들을 위하여 기도하는 것이다.

프로이트 심리학 해설
S.프로이트 / C.G.홀

마음의 행로를 찾아 나서는 이들을 위하여, 인간과 그 심리 세계를 탐구하려는 이들을 위하여 인간 심리의 틀을 밝혀 주는 프로이트 심리학의 해설서.
인간이 인간답게 살아갈 수 있도록, 심리학에 입문할 수 있도록 인도하는 최고의 해설서.

정신 분석과 유물론
E.프롬 / R.오스본

인간의 정신을 의식·무의식의 메커니즘으로 파악하는 프로이트 사상과 철저한 일원론적 자세로 설명하는 마르크스 사상이 어떻게 영합하며, 어떻게 상반되며, 그리고 무엇을 문제로 빚는가를 사회 사상적 입장에서 논한, 우리 시대 최대의 관심사에 관한 해설서.

융 심리학 해설
C.G.홀 / J.야코비

인간의 깨어 있는 의식의 뿌리를 캐며, 아득한 무의식 속에 깊숙이 감춰 있는 세계까지 탐색하고, 그 심대한 체계를 세운 융 사상의 깊이와 요체를 밝혀주는 해설서. 무한한 세계까지 헤아리는 융 심리학의 금자탑. 그리고 인간 생활에서의 실제와 응용을 명쾌하게 설명해 주는 최고의 입문 참고서.

인간의 마음 무엇이 문제인가?(1)
K. 메닝거

현대 정신 의학의 거장 메닝거 박사가 이야기하듯 밝혀 주는 인간 심리의 미로, 그 행로의 이상(異常)과 극복의 메시지. 소외와 불안과 갈등과 알력과 스트레스 속에서 온갖 마음의 문제를 안고 사는 이들의 자아 발견과 자기 확인 및 정신 건강을 위한 일상의 지침서.

무의식 분석
C.G. 융

프로이트의 〈정신 분석의 입문〉과 쌍벽을 이루며, 또 누구도 따를 수 없는 독보적인 폭과 깊이를 담고 있는 융의 '무의식의 심리학'에 관한 최고의 걸작. 인간의 정신세계에의 연구에 있어서 끝없는 시야를 제시하는, 그리고 미지의 무의식 세계를 개발하려는 융 심리학의 핵심 해설서.

인간의 마음 무엇이 문제인가?(2)
K. 메닝거

제1권에 이어 관능편·실용편·철학편 등이 실려 있는 메닝거 박사의 정신 의학의 명저. 필연적으로 약점과 결점을 지닐 수밖에 없는 인간의 마음에서 빚어지는 갖가지 정신적 문제들에 대처할 수 있는 메닝거式(式) 퇴치법이 수록되어 있다.

프로이트 심리학 비판
H. 마르쿠제 / E. 프롬

인간의 정신세계의 틀을 제시하는 프로이트 사상의 근거와 사회적 영향을 검토하고 검증하려는 비판서(이 책을 통하여 우리는 프로이트 심리학의 출발과 실제와 한계를 생각할 수 있다). 우리가 프로이트 심리학에 무엇을 기대하며, 무엇을 문제시해야 할 것인가를 말해 주는 명저.

정신 분석 입문
S. 프로이트

노이로제 이론에 있어서 새로운 영역을 개척함과 아울러, 거기에서 획득할 수 있는 혜안과 견해를 프로이트는 스물여덟 번의 강의에서 총망라해 다루고 있다. 인간의 외부 생활과 내부 생활과의 부조화로 인해 빚어지는 갖가지 문제점들이 경이롭게 파헤쳐지는 정신 분석의 정통 입문서.

아들러 심리학의 해설
A.아들러 / H.오글러롬

프로이트의 본능 심리학과 융의 심리학과 함께 꼭 주지되어야 하는 것이 아들러의 개인 심리학이라고 볼 때, 그 개인 심리학이 논구하여 설명하려는 개개인의 의식 세계를 또 다른 시각으로 설파해 주는 해설서. 개인의 의식 세계에 대한 간결하고도 이해하기 쉬운, 이 시대 최고의 저술.

꿈의 해석
S. 프로이트

꿈이란, 어떤 형태의 것이든 소망 충족의 수단이며, 꿈을 꾸는 사람은 그 자신이면서도 현실의 자신과는 완전히 단절되어 있다는 꿈의 '비논리적' 성질을 예리하게 갈파해 주는 꿈 해석 이론의 핵심 입문서이며, 프로이트는 자신의 명성을 전 세계에 드높인 이 시대 최고의 명저.